Anthologie présentée par Julie Forestier

Anges et démons
dans l'univers biblique

Librio

Inédit

Sommaire

PRÉSENTATION

Depuis plusieurs années, l'intérêt du grand public pour les anges s'est fortement développé. Les productions littéraires, les séries de télévision ou les jeux vidéo se multiplient sur ce sujet.

Or dans le foisonnement des références ou des allusions aux anges, il n'est pas toujours aisé de faire la part de ce qui s'inspire d'un courant religieux établi, de la créativité artistique, de l'imagination, de la fantaisie... Pourtant la plupart des représentations et des discours actuels sur cette question s'inspirent de traditions religieuses et ésotériques fort anciennes, mais peu connues du grand public, et donc mal identifiées.

C'est pourquoi il nous a semblé intéressant de resituer les anges dans le cadre d'origine qui a servi de référence à la plupart de ces courants religieux dont sont imprégnées les représentations angéliques contemporaines – que ce soit pour s'y conformer ou s'en démarquer. Ce cadre est celui de la Bible.

L'angélologie biblique est un thème trop vaste pour que cette étude puisse prétendre à être exhaustive. Elle essaie simplement de présenter les thèmes qui répondent aux questions les plus fréquentes sur les anges : leur nature, leur rôle, leurs relations avec les hommes...

La Bible se présente comme le livre d'une Révélation sacrée : pour entrer dans son esprit et comprendre son langage, il faut se mettre – le temps d'une lecture, au moins – dans la perspective d'un Dieu unique et transcendant, absolu et tout-puissant, qui se révèle à l'homme par la foi. Les anges ne figurent dans cette révélation qu'à titre de serviteurs et de messagers : leur présence n'est pas recherchée pour elle-même, et leurs manifestations ne sont pas de l'ordre du ressenti ni de l'émotionnel. Leur message pourrait se résumer à l'apostrophe adressée par un ange à Jean dans l'Apocalypse : « Adore Dieu ! »

*

* *

Cette étude prend en compte les livres bibliques de l'Ancien Testament (la Bible hébraïque) et du Nouveau Testament (les textes concernant le Christ), dans la traduction de Louis Segond, version 1910 : son texte à la fois littéral et limpide rend la lecture aisée même à un lecteur peu familiarisé avec le style biblique. Les seules modifications apportées au texte sont destinées à faciliter la compréhension, lorsque les citations sont séparées de leur contexte. Pour le livre de Tobie, non reconnu par le canon protestant des Écritures, nous avons eu recours à la remarquable traduction de la Bible de Jérusalem.

TEXTES BIBLIQUES ET COMMENTAIRES

La Bible n'est pas un traité sur les anges. Elle en fait mention très souvent, mais aucun de ses livres ne contient d'exposé théorique sur ces êtres. Pourquoi ?

D'abord parce que le génie sémitique ne s'exprime pas spontanément par des analyses intellectuelles et des mises en concepts. Son langage est essentiellement poétique, fait de métaphores, d'allusions, ou de symboles, jusque dans ses récits les plus terre à terre. Seule la forme poétique, en effet, peut rendre quelque chose de l'Infini divin évoqué par ces textes, car elle est suggestion, ouverture sur l'incompréhensible, invitation à pénétrer le sens caché des choses.

Pour en savoir plus sur les anges, les commentateurs, exégètes[1] et théologiens ont donc été conduits à procéder par recoupements et déductions, s'appuyant sur l'explicite pour tenter de deviner le non-dit. Beaucoup d'éléments de connaissance ainsi acquis relèvent de l'évidence et de la logique. D'autres sont des hypothèses, sur lesquelles la réflexion théologique n'a pas tranché.

Mais si les anges ne sont pas au centre de la Bible, c'est surtout parce que le sujet principal du Livre sacré est la relation entre l'homme et Dieu.

Les anges sont d'abord mentionnés dans la mesure où ils favorisent ou combattent cette relation.

Ils constituent également un élément de la Révélation. En ce sens, pour le théologien, l'angélologie « prétend donner l'intelligence dans la foi d'un enseignement révélé, sur une réalité objective : l'univers invisible, ses structures et son histoire. S'il est vrai que la théologie n'est pas uniquement une science pratique du salut, mais un avant-goût de la béatitude, une participation à la science par laquelle Dieu se connaît lui-même et connaît toutes choses, la théologie des anges élargit le regard de notre intelligence aux vraies dimensions du réel ; elle nous familiarise déjà avec un

1. Exégèse : étude et interprétation des textes sacrés.

aspect de cet univers total qui nous sera pleinement manifesté dans la vision de Dieu[1] ».

En attendant que soit donnée cette plénitude de la connaissance – sur les anges, mais d'abord sur Dieu – les Écritures n'ont pas pour dessein de fournir des explications simples et rationnelles, accessibles à l'intelligence humaine : elles veulent d'abord mettre l'homme en contemplation devant un mystère qui le dépasse.

1. P. Thomas Bonino : « 13 leçons sur les anges et les démons », 2001.

I

Qui sont les anges ?

Des êtres créés par Dieu

Les anges sont avant tout des créatures de Dieu ; la Bible se distingue en cela d'autres traditions religieuses ou culturelles, telles certaines gnoses, pour lesquelles l'ange du mal est en fait un dieu du mal, égal au dieu du bien et coexistant avec lui.

Le récit de la Genèse ne mentionne pas explicitement leur création. Celle-ci doit se déduire du fait que le Dieu biblique est le seul Être créateur, et source de tous les autres êtres. Le terme « les cieux » est cependant un indice – ce terme biblique désigne souvent l'habitation de Dieu, et par extension le monde invisible – ainsi que le terme « armée », qui est un des noms des multitudes angéliques.

Les anges ont-ils été créés au début ou à la fin des « sept jours » ? Les Pères de l'Église[1] ont eu des avis divergents. Toutefois la Genèse, dans le récit de la chute d'Adam et Ève, parle du serpent tentateur (un des noms du diable) et du chérubin posté à l'entrée du jardin d'Éden : signe que la création des anges est déjà accomplie. Et quand Dieu interpelle l'homme dans le livre de Job, il mentionne les « étoiles du matin » et les « fils de Dieu » – métaphores désignant les anges – comme préexistants aux humains.

Le récit de la Création : Genèse (2, 1)
Ainsi furent achevés les cieux et la terre, et toute leur armée.

1. Auteurs chrétiens des cinq premiers siècles de l'Église dont la réflexion et les écrits ont été déterminants pour l'élaboration de la théologie et de la doctrine : Origène, Pseudo-Denys, Clément d'Alexandrie, Augustin...

Livre de Job (38, 4-7)
Où étais-tu quand Je fondais la terre ? Dis-le, si tu as de l'intelligence. Qui en a fixé les dimensions, le sais-tu ? Ou qui a étendu sur elle le cordeau ? Sur quoi ses bases sont-elles appuyées ? Ou qui en a posé la pierre angulaire, alors que les étoiles du matin éclataient en chants d'allégresse, et que tous les fils de Dieu poussaient des cris de joie ?

Épître de Paul aux Colossiens (1, 16)
Les anges apparaissent ici sous les noms que leur donnait déjà la théologie juive, et que reprend Paul, qui a été membre de la secte des pharisiens et disciple de Gamaliel avant de devenir *chrétien. Car en Jésus-Christ ont été créées toutes les choses qui sont dans les cieux et sur la terre, les visibles et les invisibles, trônes, dignités, dominations, autorités. Tout a été créé par lui et pour lui.*

NATURE, VOCATION, NOM

Quelles sont les caractéristiques de ces êtres ?

• Ils sont de purs esprits, et donc invisibles – même s'ils prendront parfois une apparence humaine pour entrer en contact avec les hommes. Jean le Damascène les définit comme « substance intellectuelle », définition reprise par Thomas d'Aquin, théologien dominicain du XIIIe siècle : « En effet, le but principal de Dieu dans la création est le bien, qui n'est autre que l'assimilation à Dieu. » Or le Dieu biblique est pur esprit, il faut donc, déduit-il, que certaines créatures soient également faites purement d'esprit. Il leur prête cependant un « corps immatériel ».

• Étant semblables à Dieu, ils sont doués d'intelligence et de volonté, et donc doués de libre arbitre et capables d'aimer.

• Sans corps physique, ils sont par là même immortels, puisque leur nature spirituelle est incorruptible.

• Étant purs esprits, ils sont également asexués : nés directement d'un acte créateur de Dieu, et immortels, ils n'ont pas besoin de se reproduire, et leur amour s'exerce de façon spirituelle. Le débat sur le sexe des anges est donc ici sans objet.

• Innombrables : la Bible les appelle « myriades » et « légions ».

• Leur vocation est de contempler Dieu, de brûler d'amour pour lui, et d'être plongés dans la louange et la béatitude en présence de la Gloire divine.

• Ils ont une connaissance de Dieu et du monde plus étendue que celle des hommes, mais pas totale : les mystères de Dieu étant infinis comme leur source, aucune intelligence créée ne peut les concevoir totalement.

Multitudes angéliques en contemplation devant Dieu : Livre de Daniel (7, 9-10)
Et l'Ancien des Jours s'assit. Son vêtement était blanc comme la neige, et les cheveux de sa tête étaient comme de la laine pure ; son trône était comme des flammes de feu, et les roues comme un feu ardent. Un fleuve de feu coulait et sortait de devant lui. Mille milliers le servaient, et dix mille millions se tenaient en sa présence.

Anges sans corps, sans épousailles et immortels : Évangile de Luc (20, 34-36)
Jésus dit aux sadducéens (secte qui ne croyait ni aux anges ni à la résurrection des morts) :
Les enfants de ce monde prennent femmes et maris ; mais ceux qui seront trouvés dignes d'avoir part au siècle à venir et à la résurrection des morts ne prendront ni femmes ni maris. En effet, ils ne pourront plus mourir, parce qu'ils seront semblables aux anges, et qu'ils seront fils de Dieu, étant fils de la résurrection.

Anges à la connaissance très étendue : 2e livre de Samuel (14, 20)
Une femme envoyée en ambassade au roi David lui adresse cet éloge :
Mon seigneur est aussi sage qu'un ange de Dieu, pour connaître tout ce qui se passe sur la terre.

Anges à la connaissance limitée : 1re épître de Pierre (1, 10-12)
Mais si les anges « désirent plonger leurs regards » dans le mystère du Christ, c'est qu'ils n'en avaient pas une connaissance complète à l'origine.
Les prophètes, qui ont prophétisé touchant la grâce qui vous était réservée, ont fait de ce salut l'objet de leurs recherches et de leurs investigations, voulant sonder l'époque et les circonstances marquées par l'Esprit du Christ qui était en eux, et qui attestait d'avance les souffrances de Christ et la gloire dont elles seraient suivies. Il leur fut révélé que ce n'était pas pour eux-mêmes, mais pour vous, qu'ils étaient les dispensateurs de ces choses, que vous ont annoncées maintenant ceux qui vous ont prêché l'Évangile par le Saint-Esprit envoyé du ciel, et dans lesquelles les anges désirent plonger leurs regards.

II

La mise à l'épreuve avant de voir Dieu face à face

Un point demeure un absolu dans la conception biblique de Dieu et de l'univers : Dieu, étant parfait, n'a pu créer que des êtres bons. « *Dieu vit que cela était bon* », conclut la Genèse à la fin de chacun des « jours » de la Création.

Comment expliquer alors l'existence d'un mauvais ange, le démon ? Il existait une tradition orale dont on retrouve des échos dans la théologie rabbinique, les écrits canoniques et apocryphes[1] – dont le premier livre d'Hénoch (texte apocryphe du IIe siècle avant J.-C.) – et la tradition islamique : certains anges, bons à l'origine, ont choisi le mal.

Pour certains auteurs (dont le livre d'Hénoch), la faute de ces anges a été de s'unir aux filles des hommes, comme le suggérerait la Genèse (6, 1-2) : « *Lorsque les hommes eurent commencé à se multiplier sur la face de la terre, et que des filles leur furent nées, les fils de Dieu virent que les filles des hommes étaient belles, et ils en prirent pour femmes parmi toutes celles qu'ils choisirent.* » Toutefois les « fils de Dieu » dont il est question ici ne sont pas nécessairement des anges, et une grande majorité des exégètes a penché pour une autre explication, plus compatible avec la nature spirituelle des anges : avant d'entrer dans la plénitude de la contemplation de Dieu, les anges ont été soumis à une épreuve. Pour certains théologiens chrétiens, Dieu leur a dévoilé son plan de s'incarner, pour l'islam il leur a montré Adam et Ève. Toujours est-il qu'un des anges aurait refusé de s'incliner devant une nature plus basse que la sienne : une nature humaine, dotée d'un corps matériel. Le cri de révolte a jailli : « Je ne servirai pas ! » Réaction d'orgueil qui entraîna le refus d'obéir.

---

1. Textes non intégrés à la liste officielle – ou *Canon* – des Écritures, car considérés comme n'étant pas d'inspiration divine.

Dans la mentalité biblique, c'est le péché majeur. Il est suivi d'un châtiment sans rémission, car l'ange étant une intelligence supérieure, il envisage en un instant toutes les conséquences de sa décision, et ne peut s'en repentir : c'est donc le rejet loin de la Face de Dieu, la chute dans la géhenne, ce « *feu éternel qui a été préparé pour le diable et ses anges* » (Mathieu 25, 41).

Pour Thomas d'Aquin, les anges n'ont pu être soumis à cette épreuve qu'avant d'entrer dans la plénitude de la contemplation, la « vision béatifique », sans quoi, totalement immergés dans l'amour, ils n'auraient pu avoir un penchant pour le mal.

Que l'accès à la Révélation divine soit conditionné à un acte moral – le choix de l'adoration, de l'obéissance et de l'humilité – est caractéristique de la perspective biblique, et se distingue radicalement de la gnose[1], pour laquelle c'est la connaissance qui conduit à Dieu. En ce sens, si les anges bibliques sont supérieurs aux hommes de par leur nature purement spirituelle, ils doivent se soumettre à la même loi qu'eux, exprimée dans cette prière de Jésus : « *Je te loue, Père, Seigneur du ciel et de la terre, de ce que tu as caché ces choses aux sages et aux savants, et de ce que tu les as révélées aux tout-petits.* »

C'est dans cette logique que Michel a été considéré comme le chef des anges qui ont choisi le camp de Dieu : en effet son nom, « Qui est comme Dieu ? », est un cri d'humilité et d'émerveillement devant la splendeur divine. Or, « *quiconque se rendra humble comme un petit enfant sera le plus grand dans le royaume des cieux* », dit Jésus (Matthieu 18, 4). C'est cette attitude, et non sa beauté ou son rang – ceux de Lucifer, comme le suggère son nom, devaient être plus élevés – qui lui vaut de diriger les armées célestes dans la guerre contre les mauvais anges, comme le décrit l'Apocalypse.

Aucun passage biblique ne décrit la chute angélique, mais les extraits suivants ont été reçus par la tradition exégétique comme l'écho dans l'âme humaine de cette révolte initiale.

Textes sur le Révolté

Livre de Jérémie (2, 19-20)

Le cri du peuple qui a trahi l'alliance a été considéré comme un écho de la « devise » de l'ange révolté.

Tu sauras et tu verras que c'est une chose mauvaise et amère d'abandonner l'Éternel, ton Dieu, et de n'avoir de moi aucune crainte, dit le Seigneur, l'Éternel des armées.

Tu as depuis longtemps rompu ton joug, rompu tes liens, et tu as dit : « Je ne servirai pas ! »

---

1. Courant religieux initiatique. Voir les annexes.

Livre d'Isaïe (14, 3-15)

Oppresseur du peuple d'Israël, le roi de Babylone décrit dans ce passage a eu une attitude si semblable à celle attribuée au démon – orgueil démesuré, désir d'asservir les autres, chute retentissante – que le nom de sa splendeur perdue : « astre du matin », « Lucifer » en latin, a été attribué au démon comme au Déchu par excellence. Le parallèle a été clairement exposé par Origène, au IIIe siècle, dans son *De principiis*.

Quand l'Éternel t'aura donné du repos, après tes fatigues et tes agitations, et après la dure servitude qui te fut imposée, alors tu entonneras une chanson sur le roi de Babylone, et tu diras : « Eh quoi ! Le tyran n'est plus ! L'oppression a cessé ! L'Éternel a brisé le bâton des méchants, le sceptre des dominateurs. Celui qui dans sa fureur frappait les peuples par des coups sans relâche, celui qui dans sa colère subjuguait les nations, il est poursuivi sans ménagement. Toute la terre jouit du repos et de la paix ; on éclate en chants d'allégresse, les cyprès même, les cèdres du Liban, se réjouissent de ta chute : depuis que tu es tombé, personne ne monte pour nous abattre. Le séjour des morts s'émeut jusque dans ses profondeurs pour t'accueillir à ton arrivée ; il réveille devant toi les ombres, tous les grands de la terre, il fait lever de leurs trônes tous les rois des nations. Tous prennent la parole pour te dire : Toi aussi, tu es tombé comme nous, tu es devenu semblable à nous ! Ta magnificence est descendue dans le séjour des morts, avec le son de tes luths ; sous toi est une couche de vers, et les vers sont ta couverture. Te voilà tombé du ciel, Astre du matin, fils de l'aurore ! Tu es abattu à terre, toi, qui étais vainqueur des nations ! Tu disais en ton cœur : je monterai au ciel, j'élèverai mon trône au-dessus des étoiles de Dieu ; je siégerai sur la montagne de l'assemblée, à l'extrémité du septentrion. Je monterai sur le sommet des nues, je serai semblable au Très-Haut. » Mais tu as été précipité dans le séjour des morts, dans les profondeurs de la fosse.

Livre d'Ézéchiel (28, 12.14-15.17.19)

C'est ici le roi de Tyr qui apparaît comme une figure de l'ange déchu.

Ainsi te parle le Seigneur, l'Éternel : « Par ta grande sagesse et ta beauté parfaite, tu étais un modèle de perfection. [...] *J'avais fait de toi un chérubin protecteur aux ailes déployées.* [...] *Ta conduite fut exemplaire depuis le jour de ta création, jusqu'à ce que fût trouvée en toi l'injustice. De ta grande beauté, tu t'es enorgueilli et tu as laissé ta splendeur pervertir ta sagesse. Je t'ai précipité à terre, et te donne en spectacle aux autres rois.* [...] *C'en est fini de toi, oui, fini pour toujours. »*

2e épître de Pierre (2, 4)
Dieu n'a pas épargné les anges qui avaient péché, mais les a mis dans le Tartare et livrés aux abîmes de ténèbres, où ils sont réservés pour le Jugement.

Les noms des démons

Plusieurs termes désignent dans les Écritures l'ange déchu et ceux qui l'ont suivi.

SATAN : « ennemi » en hébreu. Ce terme désigne dans les textes les ennemis en général, mais est le plus souvent le nom propre du démon. Après la captivité du peuple juif à Babylone, le terme de Satan fut considéré comme « exécrable », il fut interdit de le prononcer, et on le remplaça par des dénominations plus vagues (comme le démon, les démons) souvent empruntées à la langue grecque.

Le DÉMON : du grec *daïmon*, qui désigne chez les Grecs les dieux en général, puis les divinités inférieures, le destin, pour prendre finalement le sens de génie tutélaire – du bien ou du mal – qui accompagnerait chaque homme, chaque cité. Il ne désigne l'ange du mal que dans le texte des Septante (Ancien Testament traduit de l'hébreu en grec au IIIe siècle avant J.-C., à la demande de Ptolémée Philadelphe si l'on en croit la légende, par soixante-dix savants) et le Nouveau Testament. Au pluriel, c'est le terme générique pour les anges qui ont choisi son camp.

LE DIABLE : du grec *diabolos*, qui a un double sens : « celui qui divise », « celui qui accuse ».

LUCIFER : « porte-lumière », c'est le nom latin de l'étoile du matin, appelée aussi étoile du Berger, Helel en hébreu. C'est le seul nom du diable qui fasse allusion à sa splendeur première, et qui rappelle qu'initialement il était bon, puisque créature de Dieu. Ce terme est d'ailleurs appliqué à d'autres qu'à lui : dans une épître de Pierre (2 P 1, 19)[1] et dans l'Apocalypse (22, 16)[2] il désigne le Christ.

---

1. *« Vous faites bien de prêter attention à cette parole prophétique, comme à une lampe qui brille dans un lieu obscur, jusqu'à ce que le jour vienne à paraître et que l'Étoile du matin se lève dans vos cœurs. »*
2. *« Moi, Jésus, j'ai envoyé mon ange pour vous attester ces choses dans les Églises. Je suis le rejeton et la postérité de David, l'Étoile brillante du matin. »*

BEELZEBUB : en hébreu BA'AL ZEBUB, « le dieu des mouches ». À l'origine, c'est le nom sous lequel les Philistins honoraient le dieu BAAL : ce dieu était supposé protéger des mouches et guérir des maladies. Les Juifs l'attribuèrent au démon, puis transformèrent ce nom en BA'AL ZEBUL, « dieu de l'habitation », et désignèrent ainsi le maître des habitations infernales.

LE SERPENT : c'est la figure sous laquelle le démon est représenté lors de sa première manifestation dans la Bible. Dans le Nouveau Testament, il est parfois désigné sous ce nom par Jésus, et par le terme voisin de « dragon » dans l'Apocalypse.

LE MAUVAIS : *ponéros* en grec, ce terme est fréquemment employé dans le Nouveau Testament pour désigner le démon, notamment dans la prière du Notre Père (Matthieu, 6, 13). Contrairement à une traduction très répandue, le texte grec dit bien « Délivre-nous du Mauvais ».

LE PRINCE DE CE MONDE : Jésus désigne souvent le diable par cette périphrase. Le passage le plus explicite sur l'origine de cette appellation se trouve dans le récit de la tentation de Jésus dans l'Évangile de Luc, où le diable lui dit : « *Si tu te prosternes devant moi, je te donnerai toute cette puissance, et la gloire de ces royaumes ; car elle m'a été donnée, et je la donne à qui je veux* » (Luc 4, 6).

III

La lutte entre les anges et les démons

LES ANGES : NOMS ET MISSIONS

Une fois les anges entrés dans la vision béatifique de la Face de Dieu, on pourrait imaginer que leur seule activité serait de brûler d'amour devant la Beauté divine. Pourtant, la révolte des démons et la création des hommes entraînent de nouvelles missions : protéger les hommes du mal et les aider à accomplir le projet divin sur eux, qui est d'après Paul (Éphésiens 1, 10) de « *ramener toutes choses sous un seul chef, le Christ, les êtres terrestres comme les êtres célestes* » pour les conduire « *à la louange de sa gloire* ».

Anges et hommes ont donc dans la Bible une même vocation ultime : la louange.

Cette idée se retrouve dans les textes de plusieurs mystiques. Dans le *Livre des Œuvres divines*, Hildegarde de Bingen, mystique bénédictine du XIIe siècle, déclare que Dieu, après la chute d'une partie des anges, créa les hommes pour qu'ils prennent la place des révoltés, devenant ainsi un « dixième chœur » voué à la louange en compagnie des neuf chœurs angéliques. D'où une jalousie exacerbée des démons à leur égard, se rajoutant au mépris qu'ils éprouvaient pour ces êtres de chair.

Un autre point commun se révèle entre les anges et les hommes : ils ont été créés « *à l'image et à la ressemblance de Dieu* » selon la Genèse. Toutes les fonctions et tous les titres que les Écritures attribuent aux anges sont également attribués au Christ : il est par excellence le Fils, l'adorateur, l'envoyé, le guide et le protecteur, le libérateur, etc. Les anges ne remplissent ces missions que par participation à la mission du Verbe fait chair.

Toutes les créatures, quelle que soit leur nature, sont ainsi présentées comme un reflet de l'Être divin. Sa splendeur se déverse comme en cascade sur les anges, les hommes, et l'ensemble de la création. Cela constitue une vision du monde matériel et de l'univers radicalement différente de celle de certaines gnoses, pour lesquelles la matière est l'œuvre du dieu du mal.

Les noms des anges

Ange, nom générique de ces êtres, signifie « envoyé, messager ». Il vient du latin *angelus*, issu du grec *aggelos*, qui traduit l'hébreu *mal'hak*. Le mot « évangile », qui signifie « bon message », est de la même famille.

Dans les Écritures, les anges sont également appelés fils de Dieu, armée de Yahvé ou armée du ciel, habitants du ciel, saints.

Certains termes évoquent plus précisément des catégories d'anges : principautés, puissances, vertus, dominations, trônes. Issus de la tradition rabbinique et repris par Paul dans ses épîtres, ces noms restent mystérieux quant à leur origine. Celui de Keroubim, lui (pluriel de Keroub), est un terme hébreu directement emprunté à la mythologie assyro-chaldéenne lors de la déportation du peuple juif à Babylone, au VIe siècle avant J.-C. Il signifie « les bénissants ». Il désignait des animaux fantastiques, sortes de taureaux ailés, qui gardaient l'entrée des temples assyriens : rien à voir donc avec les êtres de feu évoqués dans les textes bibliques, ni avec les aimables putti baroques. Quant aux Seraphim, leur nom exprime bien leur nature : « brûlants ».

Les textes canoniques ne donnent que trois noms propres d'anges :
Michel : « Qui est comme Dieu ? ».
Gabriel : « Force de Dieu ».
Raphaël : « Dieu guérit ».

Les neuf chœurs des anges

Toute une tradition hébraïque, reprise par la Kabbale ou le célèbre rabbin et théologien Maïmonide, au XIIe siècle, estimait que les anges étaient établis en hiérarchies de dix « chœurs », ou groupes d'anges. C'est de cette tradition que vient le personnage de Métatron : il n'est pas mentionné dans les textes canoniques, mais d'après le livre d'Hénoch, le prophète Hénoch, enlevé au ciel sans connaître la mort, devint sous ce nom le premier des anges, chef des dix chœurs célestes.

L'idée de hiérarchie céleste fut reprise par la théologie chrétienne, avec des diverses répartitions et des nombres variables de « chœurs » : sept pour Clément d'Alexandrie, neuf pour le Pseudo-Denys…

Nous reproduisons ici la classification qui fut retenue par le pape Grégoire, au VIe siècle :

1re triade : Séraphins, Chérubins, Trônes.

Cette triade est plus directement orientée vers la pure adoration, elle forme le « trône » de la Majesté divine.

2e triade : Dominations, Principautés, Puissances.

À cette triade aurait été confiée plus particulièrement la participation à la marche de l'univers créé : étoiles, planètes, océans, plantes, etc.

3e triade : Vertus, Archanges, Anges.

Cette triade s'occuperait plus particulièrement des hommes : les Archanges ayant la garde des communautés (nations, églises locales, villes, etc.) et les anges celle des personnes : ce sont les fameux anges gardiens.

Toutefois la vocation première de toutes ces catégories d'anges est la louange, puisque en toute logique, dans le monde définitif qui succédera au monde actuel après le Jugement dernier, selon l'Apocalypse, les missions des 2e et 3e triades n'auront plus d'objet.

De plus, les missions confiées aux anges, qui sont toutes une participation à un rôle que Dieu assume au premier chef, ne sont en aucun cas, dans les Écritures, une « aide » fournie à Dieu et qui lui serait nécessaire. Le « JE SUIS » biblique est un Dieu absolu, transcendant, qui se suffit à lui-même : s'il crée des êtres et leur confie des missions, c'est un don absolument gratuit, c'est une façon de leur permettre de devenir semblables à Lui. Et cela s'applique aux anges autant qu'aux hommes.

Au-delà des variations dans le nombre des chœurs ou le placement des chœurs dans l'une ou l'autre des triades, la répartition en hiérarchies reflète une caractéristique de l'univers biblique : le monde créé y est vu comme une perfection (d'où les nombres de sept ou neuf chœurs) et comme une harmonie, où les êtres ne sont pas des individus juxtaposés mais des personnes en relations.

Pour Denys l'Aréopagite, dans son *Traité des hiérarchies célestes*, les chœurs des anges sont établis pour contempler la lumière divine, et devenir ainsi semblables à l'objet de leur contemplation ; la lumière contemplée se transmettant, comme en cascade, à partir des chœurs les plus proches de Dieu :

« *Le but de la hiérarchie [angélique] est donc d'assimiler et d'unir à Dieu, qu'elle adore comme maître et guide de sa science et de ses fonctions saintes. Car, contemplant d'un œil assuré la Beauté suréminente elle la retrace en soi, comme elle peut ; et elle transforme ses adeptes en autant d'images de Dieu : purs et splendides miroirs où peut rayonner l'éternelle et ineffable lumière, et qui, selon l'ordre voulu, renvoient libé-*

ralement sur les choses inférieures cette clarté empruntée dont ils brillent. »

Adorateurs et serviteurs de Dieu

Les allusions bibliques à cette vocation sont innombrables. Les extraits de psaumes qui suivent contiennent un sémitisme très parlant qui l'exprime bien : Dieu « établit son trône sur les chérubins », c'est-à-dire que ceux-ci entourent la Gloire divine.

Psaume 80
Parais dans ta splendeur, ô Toi qui établis ton trône sur les chérubins.

Psaume 99
L'Éternel règne : les peuples tremblent. Il établit son trône sur les chérubins : la terre chancelle.

Livre d'Ézéchiel (1, 1-28 ; 3, 12)
Dans un style extrêmement imagé et mystérieux, le prophète Ézéchiel décrit la vision dont il déclare avoir bénéficié, pendant l'exil à Babylone. Les quatre « animaux » se tenant sur un char ont été interprétés par la mystique juive comme quatre anges se tenant devant la Gloire de Yahvé – dont la Présence est ici suggérée par la « forme humaine » siégeant sur le trône. C'est un des textes fondateurs de la mystique de la Kabbale. Jean s'y réfère également beaucoup dans son Apocalypse. Le symbolisme des métaphores employées (ailes, yeux, roues de char, etc.) pour décrire les anges est une caractéristique du style d'Ézechiel.
La trentième année, le cinquième jour du quatrième mois, comme j'étais parmi les captifs du fleuve du Kebar, les cieux s'ouvrirent, et j'eus des visions divines.
Le cinquième jour du mois, – c'était la cinquième année de la captivité du roi Jojakin, – la parole de l'Éternel fut adressée à Ézéchiel, fils de Buzi, le sacrificateur, dans le pays des Chaldéens, près du fleuve du Kebar ; et c'est là que la main de l'Éternel fut sur lui.
Je regardai, et voici, il vint du septentrion un vent impétueux, une grosse nuée, et une gerbe de feu, qui répandait de tous côtés une lumière éclatante, au centre de laquelle brillait comme de l'airain poli, sortant du milieu du feu. Au centre encore, apparaissaient quatre animaux, dont l'aspect avait une ressemblance humaine. Chacun d'eux avait quatre faces, et chacun avait quatre ailes. Leurs pieds étaient droits, et la plante de leurs pieds était comme celle du pied d'un veau, et ils étincelaient comme de l'airain poli. Ils avaient des mains d'homme sous les ailes à leurs quatre côtés ; et tous les quatre

avaient leurs faces et leurs ailes. Leurs ailes étaient jointes l'une à l'autre ; ils ne se tournaient point en marchant, mais chacun marchait droit devant soi. Quant à la figure de leurs faces, ils avaient tous une face d'homme, tous quatre une face de lion à droite, tous quatre une face de bœuf à gauche, et tous quatre une face d'aigle. Leurs faces et leurs ailes étaient séparées par le haut ; deux de leurs ailes étaient jointes l'une à l'autre, et deux couvraient leurs corps. Chacun marchait droit devant soi ; ils allaient où l'Esprit les poussait à aller, et ils ne se tournaient point dans leur marche. L'aspect de ces animaux ressemblait à des charbons de feu ardents, c'était comme l'aspect des flambeaux, et ce feu circulait entre les animaux ; il jetait une lumière éclatante, et il en sortait des éclairs. Et les animaux couraient et revenaient comme la foudre.

Je regardais ces animaux ; et voici, il y avait une roue sur la terre, près des animaux, devant leurs quatre faces. À leur aspect et à leur structure, ces roues semblaient être en chrysolithe, et toutes les quatre avaient la même forme ; leur aspect et leur structure étaient tels que chaque roue paraissait être au milieu d'une autre roue. En cheminant, elles allaient de leurs quatre côtés, et elles ne se tournaient point dans leur marche. Elles avaient une circonférence et une hauteur effrayantes, et à leur circonférence les quatre roues étaient remplies d'yeux tout autour. Quand les animaux marchaient, les roues cheminaient à côté d'eux ; et quand les animaux s'élevaient de terre, les roues s'élevaient aussi. Ils allaient où l'Esprit les poussait à aller ; et les roues s'élevaient avec eux, car l'esprit des animaux était dans les roues. Quand ils marchaient, elles marchaient ; quand ils s'arrêtaient, elles s'arrêtaient ; quand ils s'élevaient de terre, les roues s'élevaient avec eux, car l'esprit des animaux était dans les roues.

Au-dessus des têtes des animaux, il y avait comme un ciel de cristal resplendissant, qui s'étendait sur leurs têtes dans le haut. Sous ce ciel, leurs ailes étaient droites l'une contre l'autre, et ils en avaient chacun deux qui les couvraient, chacun deux qui couvraient leurs corps. J'entendis le bruit de leurs ailes, quand ils marchaient, pareil au bruit de grosses eaux, ou à la voix du Tout-puissant ; c'était un bruit tumultueux, comme celui d'une armée ; quand ils s'arrêtaient, ils laissaient tomber leurs ailes. Et il se faisait un bruit qui partait du ciel étendu sur leurs têtes, lorsqu'ils s'arrêtaient et laissaient tomber leurs ailes.

Au-dessus du ciel qui était sur leurs têtes, il y avait quelque chose de semblable à une pierre de saphir, en forme de trône ; et sur cette forme de trône apparaissait comme une figure d'homme placé dessus en haut. Je vis encore comme de l'airain poli, comme du feu, au-dedans duquel était cet homme, et qui rayonnait tout autour ; depuis la forme de ses reins jusqu'en haut, et depuis la forme de ses reins

jusqu'en bas, je vis comme du feu, et comme une lumière éclatante, dont il était environné. Tel l'aspect de l'arc qui est dans la nue en un jour de pluie, ainsi était l'aspect de cette lumière éclatante, qui l'entourait : c'était une image de la gloire de l'Éternel. À cette vue, je tombai sur ma face, et j'entendis la voix de quelqu'un qui parlait.
[...]
Et l'esprit m'enleva, et j'entendis derrière moi le bruit d'un grand tumulte : Bénie soit la gloire de l'Éternel, du lieu de sa demeure !

Livre de l'Exode (25, 16-22)
Sur l'Arche qui contiendra les tables de la Loi, et la Présence divine au milieu du peuple élu, Dieu ordonne à Moïse de représenter des Keroubim en adoration : dans la mentalité biblique, c'est l'attitude fondamentale de l'ange.
Tu mettras dans l'arche le témoignage, que je te donnerai.
Tu feras un propitiatoire d'or pur ; sa longueur sera de deux coudées et demie, et sa largeur d'une coudée et demie.
Tu feras deux chérubins d'or, tu les feras d'or battu, aux deux extrémités du propitiatoire.
Fais un chérubin à l'une des extrémités et un chérubin à l'autre extrémité ; vous ferez les chérubins sortant du propitiatoire à ses deux extrémités.
Les chérubins étendront les ailes par-dessus, couvrant de leurs ailes le propitiatoire, et se faisant face l'un à l'autre ; les chérubins auront la face tournée vers le propitiatoire.
Tu mettras le propitiatoire sur l'arche, et tu mettras dans l'arche le témoignage, que je te donnerai.
C'est là que je me rencontrerai avec toi ; du haut du propitiatoire, entre les deux chérubins placés sur l'arche du témoignage, je te donnerai tous mes ordres pour les enfants d'Israël.

Livre d'Isaïe (6, 1-3)
De ce texte fondamental, la liturgie chrétienne a tiré la prière du « Trisagion », terme grec qui signifie « Trois fois saint ».
[...] *je vis le Seigneur assis sur un trône très élevé, et les pans de sa robe remplissaient le temple.*
Des séraphins se tenaient au-dessus de lui ; ils avaient chacun six ailes : deux dont ils se couvraient la face, deux dont ils se couvraient les pieds, et deux dont ils se servaient pour voler.
Ils criaient l'un à l'autre, et disaient : « Saint, saint, saint est l'Éternel des armées ! Toute la terre est pleine de sa gloire ! »

Livre de Tobie (12, 15)
Je suis Raphaël, l'un des sept Anges qui se tiennent toujours en présence de la Gloire du Seigneur.

Apocalypse (4, 2-5)
Je fus ravi en esprit. Et voici, il y avait un trône dans le ciel, et sur ce trône quelqu'un était assis. Celui qui était assis avait l'aspect d'une pierre de jaspe et de sardoine ; et le trône était environné d'un arc-en-ciel semblable à de l'émeraude. Autour du trône je vis vingt-quatre trônes, et sur ces trônes vingt-quatre vieillards assis, revêtus de vêtements blancs, et sur leurs têtes des couronnes d'or. Du trône sortent des éclairs, des voix et des tonnerres. Devant le trône brûlent sept lampes ardentes, qui sont les Sept esprits de Dieu.

Évangile de Matthieu (18, 10)
Jésus dit à ses disciples : « Gardez-vous de mépriser un seul de ces petits ; car je vous le dis, leurs anges dans les cieux contemplent sans cesse la Face de mon Père qui est dans les Cieux. »

Psaume 102
Ce psaume évoque l'obéissance empressée des anges, comme en parallèle avec le refus de servir des anges déchus.
Bénissez le Seigneur, tous ses anges, vous qui êtes pleins de puissance et de force, et qui accomplissez sa parole, dès que vous entendez sa voix.

Apocalypse (19, 9-10)
Et l'ange me dit : « Écris : Heureux ceux qui sont appelés au festin des noces de l'Agneau ! » Et il me dit : « Ces paroles sont les véritables paroles de Dieu. » Et je tombai à ses pieds pour l'adorer ; mais il me dit : « Garde-toi de le faire ! Je suis ton compagnon de service, et celui de tes frères qui gardent le témoignage de Jésus. Adore Dieu. »

Armée de Dieu

L'expression « Dieu des armées célestes », « Deus sabaoth », fréquente dans les psaumes et les livres prophétiques, exprime que les anges sont à la fois multitude et forces combattantes.

Psaume 148 (1-2)
Louez l'Éternel ! Louez l'Éternel du haut des cieux ! Louez-le dans les hauteurs !
Louez-le, vous tous ses anges ! Louez-le, vous toutes ses armées célestes !

Psaume 80
Ô Éternel, Dieu des armées célestes !

Paume 102
Bénissez l'Éternel, vous toutes ses armées, qui êtes ses serviteurs, et qui faites sa volonté !

Apocalypse (12, 7)
Et il y eut guerre dans le ciel. Michel et ses anges combattirent contre le dragon. Et le dragon et ses anges combattirent.

Participants à la marche de l'univers créé

Évangile de Jean (5, 4)
L'Ange du Seigneur descendait de temps en temps dans la piscine, et en agitait l'eau. Et celui qui descendait le premier dans la piscine après que l'eau avait été mise en mouvement, était guéri, quelle qu'ait été son infirmité.

Apocalypse (7, 1)
Après cela, je vis quatre anges debout aux quatre coins de la terre ; ils retenaient les quatre vents de la terre, afin qu'il ne soufflât point de vent sur la terre, ni sur la mer, ni sur aucun arbre.

Serviteurs des hommes

Il pourrait paraître surprenant que des êtres de nature supérieure à celle des hommes soient mis à leur service.

C'est pourtant une spécificité de l'univers biblique : la supériorité d'un être sur un autre lui donne le devoir de se mettre à son service. Le Christ lui-même se présente comme le Serviteur des hommes par excellence, et révèle à ses disciples la logique divine qui régit les hiérarchies créées : « *Quiconque veut être grand parmi vous, qu'il soit votre serviteur ;*

et quiconque veut être le premier parmi vous, qu'il soit l'esclave de tous.

Car le Fils de l'homme est venu, non pour être servi, mais pour servir » (Marc 10, 43-45).

De plus, pour plusieurs Pères de l'Église, les anges servent les humains pour honorer en eux le reflet de Dieu fait homme, Jésus.

Épître de Paul aux Hébreux (1, 14)
Tous les anges ne sont-ils pas des esprits chargés d'un ministère, envoyés au service de ceux qui doivent recevoir le salut en héritage ?

Guides et protecteurs des hommes contre le démon et le danger

Anges protecteurs des serviteurs de Dieu

Psaume 34 (8)

L'ange du Seigneur campe autour de ceux qui le craignent,
Et il les arrache au danger.

Psaume 91 (1.9-12)

Celui qui demeure sous l'abri du Très-Haut repose à l'ombre du Tout-Puissant.
Toi qui fais du Très-Haut ton refuge,
Aucun malheur ne t'arrivera,
Aucun fléau n'approchera de ta tente.
Car il ordonnera à ses anges
De te garder dans toutes tes voies.
Ils te porteront sur les mains,
De peur que ton pied ne heurte contre une pierre.

Livre de l'Exode (14, 19)

Prisonnier des Égyptiens, le peuple hébreu s'est échappé, sous la conduite de Moïse, selon l'ordre du Seigneur. Mais les Égyptiens les poursuivent. Jusqu'à la traversée de la mer Rouge, un ange les protège.

L'ange de Dieu, qui allait devant le camp d'Israël, partit et alla derrière eux ; et la colonne de nuée qui les précédait, partit et se tint derrière eux.

Livre de l'Exode (23, 20-23)

Après être sorti d'Égypte, le peuple hébreu entame une longue marche à travers le désert – elle durera quarante ans ! – en direction de la Terre promise par Dieu. Sur le mont Sinaï, Dieu scelle une alliance solennelle avec son peuple, représenté par Moïse. Il lui donne les Commandements et diverses prescriptions. En retour, Dieu promet à son peuple sa faveur et sa protection. Et cette protection sera manifestée par un ange.

Voici, j'envoie un ange devant toi, pour te protéger en chemin, et pour te faire arriver au lieu que j'ai préparé. Tiens-toi sur tes gardes en sa présence, et écoute sa voix ; ne lui résiste point, parce qu'il ne pardonnera pas vos péchés, car mon Nom est en lui.

Mais si tu écoutes sa voix, et si tu fais tout ce que je te dirai, je serai l'ennemi de tes ennemis et l'adversaire de tes adversaires. Mon ange marchera devant toi, et te conduira chez les Amoréens, les

Héthiens, les Phéréziens, les Cananéens, les Héviens et les Jébusiens, et Je les exterminerai.

Livre de Daniel (3, 23-28)
Nabuchodonosor, roi de Babylone, a fait ériger une statue que tous doivent adorer. Mais de jeunes Hébreux refusent de se soumettre à ce décret. En châtiment, ils sont jetés dans une fournaise ardente. C'est alors qu'un ange intervient...
Et ces trois hommes, Schadrac, Méschac et Abed-Nego, furent liés et jetés au milieu de la fournaise ardente. Alors le roi Nabuchodonosor fut effrayé, et se leva précipitamment. Il prit la parole, et dit à ses conseillers : « N'avons-nous pas jeté au milieu du feu trois hommes liés ? » Ils répondirent au roi : « Certainement, ô roi ! » Il reprit et dit : « Eh bien, je vois quatre hommes sans liens, qui marchent au milieu du feu, et qui n'ont point de mal ; et la figure du quatrième ressemble à celle d'un fils des dieux. » Ensuite Nabuchodonosor s'approcha de l'entrée de la fournaise ardente, et prenant la parole, il dit : « Schadrac, Méschac et Abed-Nego, serviteurs du Dieu suprême, sortez et venez ! » Et Schadrac, Méschac et Abed-Nego sortirent du milieu du feu. Les satrapes, les intendants, les gouverneurs, et les conseillers du roi s'assemblèrent ; ils virent que le feu n'avait eu aucun pouvoir sur le corps de ces hommes, que les cheveux de leur tête n'avaient pas été brûlés, que leurs caleçons n'étaient point endommagés, et que l'odeur du feu ne les avait pas atteints. Nabuchodonosor prit la parole et dit : « Béni soit le Dieu de Schadrac, de Méschac et d'Abed-Nego, lequel a envoyé son ange et délivré ses serviteurs qui ont eu confiance en lui, et qui ont violé l'ordre du roi et livré leur corps plutôt que de servir et d'adorer aucun autre dieu que leur Dieu ! »

Livre de Tobie (extraits)
Le livre de Tobie fait partie des livres « deutérocanoniques », c'est-à-dire intégrés plus tardivement que d'autres par l'Église dans la liste des Livres inspirés. Il ne figure pas dans les canons des Bibles hébraïque et protestante.
Probablement composé dans les milieux juifs hellénistiques, ce récit poétique raconte comment Raphaël, dont le nom signifie « Dieu guérit », fut envoyé par Dieu afin de guérir et de guider ses serviteurs Tobit et Sarra, en réponse à leurs prières. Tobit, déporté avec ses compatriotes à Ninive, en Assyrie, est un Juif pieux et craignant Dieu ; il reste fidèle aux prescriptions de la Loi dans son exil. À la suite d'un incident (de la fiente d'oiseau lui tombe dans les yeux pendant qu'il se repose), il devient aveugle. Au bord de la misère, il envoie son fils Tobie récupérer une somme qu'il avait

déposée chez Gabaël, un habitant de Médie. Dans cette contrée, le jeune Tobie va rencontrer Sarra, une jeune fille aux prises avec un démon qui fait mourir tous ses prétendants !
Le rôle de Raphaël sera triple : guérir Tobit de sa cécité, aider le jeune Tobie à accomplir sa mission et lui permettre de rencontrer Sarra, et délivrer la jeune fille de l'influence maléfique qui la désespère.
La prière de Tobit et Sarra fut agréée devant la Gloire de Dieu, et Raphaël fut envoyé pour les guérir tous les deux. Il devait enlever les taches blanches des yeux de Tobit, pour qu'il voie de ses yeux la lumière de Dieu. Et il devait donner Sarra, fille de Ragouël, en épouse à Tobie, fils de Tobit, et la dégager d'Asmodée, le pire des démons. Car c'est à Tobie qu'elle revenait de droit, avant tous les autres prétendants. À ce moment-là, Tobit rentrait de la cour dans la maison. Et de son côté, Sarra, fille de Ragouël, était en train de descendre de la chambre.
Ce jour-là, Tobit pensa à l'argent qu'il avait déposé chez Gabaël, à Rhagès de Médie, et il se dit : « J'en suis venu à demander la mort, je ferais bien d'appeler mon fils Tobie, pour lui parler de cette somme, avant de mourir. » Il fit venir son fils Tobie auprès de lui, et lui parla.

Tobit donne à son fils ses dernières volontés. Il lui recommande longuement de toujours rester fidèle à la Loi de Dieu, en particulier d'honorer sa mère et de faire l'aumône. Puis il lui confie une mission :
« Et maintenant, mon enfant, je t'informe que j'ai déposé dix talents d'argent chez Gabaël, fils de Gabri, à Rhagès de Médie. N'aie pas peur, mon enfant, si nous sommes devenus pauvres. Tu as une grande richesse si tu crains Dieu, si tu évites toute sorte de péché, et si tu fais ce qui est agréable au Seigneur ton Dieu. »
Alors Tobie répondit à son père Tobit : « Père, je ferai tout ce que tu m'as ordonné. Seulement, comment faire pour lui reprendre ce dépôt ? Lui ne me connaît pas, et je ne le connais pas non plus. Quel signe de reconnaissance vais-je lui donner, pour qu'il me croie et me remette l'argent ? De plus, je ne connais pas les routes à prendre pour ce voyage en Médie. » Alors Tobit répondit à son fils Tobie : « Nous avons échangé nos signatures sur un billet, et je l'ai coupé en deux pour que nous en ayons chacun la moitié. J'en ai pris une, et j'ai laissé l'autre avec l'argent. Dire que cela fait vingt ans que j'ai mis cet argent en dépôt ! Maintenant, mon enfant, cherche-toi quelqu'un de sérieux comme compagnon de voyage, il sera à nos frais jusqu'à ton retour. Puis va récupérer cet argent chez Gabaël. »
Tobie sortit, en quête d'un bon guide capable de venir avec lui en Médie. Dehors, il trouva Raphaël, l'ange, debout près de lui, sans se

douter que c'était un ange de Dieu. Il lui dit : « D'où es-tu, mon ami ? » L'ange répondit : « Je suis un des Israélites tes frères, je suis venu chercher du travail par ici. » Tobie lui répondit : « Connais-tu la route pour aller en Médie ? » L'autre répondit : « Bien sûr ! J'y suis allé plusieurs fois, je connais tous les chemins par cœur. Je suis allé fréquemment en Médie, j'ai été reçu chez Gabaël, l'un de nos frères qui habite à Rhagès de Médie. Il faut bien deux jours de marche normale, d'Ecbatane à Rhagès. Rhagès est situé dans la montagne, et Ecbatane est au milieu de la plaine. » Tobie lui dit : « Attends-moi, mon ami, que j'aille prévenir mon père : j'ai besoin que tu viennes avec moi, je te paierai tes journées. » L'autre répondit : « C'est bien, j'attends, mais ne sois pas long. »

Tobie alla prévenir son père qu'il avait trouvé quelqu'un parmi leurs frères israélites. Et le père dit : « Présente-le-moi, que je m'informe de sa famille et de sa tribu. Il faut voir si l'on peut compter sur lui pour t'accompagner, mon enfant. » Tobie sortit donc l'appeler : « Mon ami, dit-il, mon père te demande. »

L'ange entra dans la maison. Tobit salua le premier, et l'autre lui répondit par des souhaits de bonheur. Tobit repartit : « Puis-je encore avoir du bonheur ? Je suis un aveugle, je ne vois plus l'éclat du ciel, je suis plongé dans l'obscurité, comme les morts qui ne contemplent plus la lumière. Je suis un enterré vivant, j'entends la voix des gens sans les voir. » L'ange lui dit : « Aie confiance, Dieu ne tardera pas à te guérir, aie confiance ! » Tobit lui dit : « Mon fils Tobie désire aller en Médie. Veux-tu te joindre à lui comme guide, frère ? Je te paierai. » Il répondit : « Je veux bien l'accompagner, je connais tous les chemins, je suis souvent allé en Médie, j'en ai traversé toutes les plaines et les montagnes, et j'en connais toutes les pistes. » Tobit dit : « Frère, de quelle famille et de quelle tribu es-tu ? Veux-tu me l'indiquer, frère ? » – « Que t'importe ma tribu ? » – « Je veux savoir avec certitude de qui tu es le fils et quel est ton nom. » – « Je suis Azarias, fils d'Ananias le grand, l'un de tes frères. » – « Sois le bienvenu, salut, frère. Ne te froisse pas si j'ai désiré connaître ta vraie famille : il se trouve que tu es mon parent, de belle et bonne lignée. Je connais Ananias et Nathan, les deux fils de Séméias le grand. Ils venaient avec moi à Jérusalem, nous y avons adoré ensemble, et ils n'ont pas quitté le droit chemin. Tes frères sont des hommes de bien, tu es de bonne souche, sois le bienvenu ! »

Il poursuivit : « Je t'engage pour une drachme par jour, avec ton entretien, comme pour mon fils. Voyage donc avec mon fils, et je dépasserai le prix convenu. » L'ange dit : « Je ferai le voyage avec lui. Ne crains rien. Notre départ se passera bien, notre retour aussi, parce que la route est sûre. » Tobit lui dit : « Sois béni, frère ! » Puis il s'adressa à son fils : « Mon enfant, prépare ce qu'il te faut pour le voyage, et pars avec ton frère. Que le Dieu qui est dans les Cieux vous protège là-bas, et qu'il vous ramène sains et saufs auprès de moi ! Que son ange vous accompagne de sa protection, mon enfant ! »

Alors que la mère de Tobie se lamente de le voir partir et s'inquiète des dangers qu'il va courir, Tobit la rassure par des paroles pleines de confiance :

« Ne te fais pas des idées ! Notre enfant ira bien en partant, il ira bien encore en rentrant à la maison. Le jour où il te reviendra, tes yeux verront qu'il va toujours très bien. Ne te fais pas des idées, n'aie pas d'inquiétude pour eux, ma sœur. Un bon ange l'accompagnera, il fera bon voyage, et il reviendra en très bonne santé ! »

Et elle cessa de pleurer.

L'enfant partit avec l'ange, et le chien suivit derrière. Ils marchèrent tous les deux, et quand vint le premier soir, ils campèrent le long du Tigre. L'enfant descendit au fleuve se laver les pieds, quand un gros poisson sauta de l'eau et faillit lui avaler le pied. Le garçon cria, et l'ange lui dit : « Attrape le poisson et ne le lâche pas ! » Le garçon vint à bout du poisson, et le tira sur la rive. L'ange lui dit : « Ouvre-le, enlève le fiel, le cœur et le foie ; mets-les à part, et jette les entrailles, parce que le fiel, le cœur et le foie sont des remèdes utiles. » Le jeune homme ouvrit le poisson, préleva le fiel, le cœur et le foie. Il fit frire un peu de poisson pour son repas, et il en garda pour le saler. Ils marchèrent ensuite tous les deux ensemble jusqu'en Médie.

Alors le garçon posa à l'ange cette question : « Frère Azarias, quel remède y a-t-il donc dans le cœur, le foie et le fiel de poisson ? » Il répondit : « On brûle le cœur et le foie de poisson, et leur fumée s'emploie dans le cas d'un homme ou d'une femme que tourmente un démon ou un esprit mauvais. Toute espèce de malaise disparaît définitivement sans laisser de trace. Quant au fiel, il sert d'onguent pour les yeux, quand on a des taches blanches sur l'œil. Il n'y a plus qu'à souffler sur les taches blanches pour les guérir. »

Ils pénétrèrent en Médie. Ils étaient déjà rendus près d'Ecbatane, quand Raphaël dit au jeune homme : « Frère Tobie ! » « Eh bien ? » répondit-il. L'ange reprit : « Ce soir, nous devons loger chez Ragouël, c'est un parent à toi. Il a une fille du nom de Sarra, mais à part Sarra il n'a ni garçon ni fille. Or tu es son plus proche parent, elle te revient par priorité, et tu peux prétendre à l'héritage de son père. C'est une enfant sérieuse, courageuse, très gentille, et son père l'aime bien. Tu as le droit de la prendre. Écoute-moi, frère, je parlerai de la jeune fille à son père dès ce soir, pour te la retenir comme fiancée. Et quand nous reviendrons de Rhagès, nous ferons le mariage. Je certifie que Ragouël n'a absolument pas le droit de te la refuser, ou de la fiancer à un autre. Ce serait encourir la mort, d'après les termes du livre de

Moïse, dès le moment qu'il saurait que ta parenté te donne, avant tout autre, le droit de prendre sa fille. Alors écoute-moi, frère. Dès ce soir, nous parlons de la jeune fille, et nous faisons la demande en mariage. À notre retour de Rhagès, nous la prendrons, pour l'amener avec nous chez toi. »
Tobie répondit à Raphaël : « Frère Azarias, je me suis laissé dire qu'elle a déjà été donnée sept fois en mariage, et que chaque fois son mari est mort dans la chambre des noces. Il mourait le soir où il entrait dans sa chambre, et j'ai entendu des gens dire que c'était un démon qui les tuait, si bien que j'ai un peu peur. À elle, il ne fait rien, parce qu'il l'aime, mais dès que quelqu'un veut s'en approcher il le tue. Je suis le seul fils de mon père, et je ne tiens pas à mourir, je ne veux pas que mon père et ma mère s'affligent toute leur vie sur moi, jusqu'au tombeau : ils n'ont pas d'autre fils pour les enterrer. »
L'ange lui dit : « Oublieras-tu les avis de ton père ? Il t'a pourtant recommandé de prendre une femme dans la maison de ton père. Alors écoute-moi, frère. Ne tiens pas compte de ce démon et prends-la. Je te garantis que dès ce soir, elle te sera donnée pour femme. Seulement quand tu seras entré dans la chambre, prends le foie et le cœur du poisson, mets-en un peu sur les braises de l'encens. L'odeur se répandra, le démon la respirera, il s'enfuira, et il n'y a pas de danger qu'on le reprenne autour de la jeune fille. Puis, au moment de vous unir, levez-vous d'abord tous les deux pour prier. Demandez au Seigneur du Ciel de vous accorder sa grâce et sa protection. N'aie pas peur, elle t'a été destinée dès l'origine, c'est à toi de la sauver. Elle te suivra, et je gage qu'elle te donnera des enfants qui te seront comme des frères. N'hésite pas. » Et quand Tobie entendit parler Raphaël, qu'il sut que Sarra était sa sœur, parente de la famille de son père, il l'aima au point de ne plus pouvoir en détacher son cœur.
À l'entrée d'Ecbatane, Tobie dit : « Frère Azarias, mène-moi tout droit chez notre frère Ragouël. » Il le conduisit à la maison de Ragouël, qu'ils trouvèrent assis à la porte de sa cour.

Ragouël et son épouse Edna accueillent à bras ouverts le fils de leur proche parent. Dès le repas du soir, Tobie demande à Ragouël sa fille Sarra en mariage. Celui-ci, très ennuyé, est obligé de le mettre au courant du malheur qui arrive à sa fille : les sept maris précédents sont tombés morts en entrant dans la chambre nuptiale. Mais Tobie insiste si bien que le contrat de mariage est signé, et Sarra accordée au jeune homme. Sarra avait supplié Dieu de lui envoyer un mari, mais elle n'en demeure pas moins tremblante d'inquiétude. Sa mère l'exhorte à la confiance. Dans ce livre biblique comme dans les autres, c'est la confiance des hommes qui sert de déclencheur aux miracles de Dieu, et va permettre ici l'intervention bénéfique de Raphaël.

Après quoi on se mit à manger et à boire. Ragouël appela sa femme Edna et lui dit : « Ma sœur, prépare la seconde chambre, où tu conduiras Sarra. » Elle alla faire le lit de la chambre comme il le lui avait dit et elle y mena sa fille. Elle pleura sur elle, puis elle essuya ses larmes et dit : « Aie confiance, ma fille, que le Seigneur du Ciel change ton chagrin en joie ! Aie confiance, ma fille ! » Et elle sortit.

Quand on eut fini de boire et de manger, on parla d'aller se coucher, et l'on conduisit le jeune homme de la salle du repas jusqu'à la chambre. Tobie se souvint des conseils de Raphaël. Il prit son sac, il en tira le cœur et le foie du poisson, et il en mit sur les braises de l'encens. L'odeur du poisson incommoda le démon, qui s'enfuit par les airs jusqu'en Égypte. Raphaël l'y poursuivit, l'entrava et le garrotta sur-le-champ.

Cependant, les parents étaient sortis en refermant la porte. Tobie se leva du lit, et dit à Sarra : « Debout, ma sœur ! Il faut prier tous les deux et recourir à notre Seigneur, pour obtenir sa grâce et sa protection. » Elle se leva et ils se mirent à prier pour obtenir d'être protégés, et il commença ainsi :

« Tu es béni, Dieu de nos pères, et ton Nom est béni dans les siècles des siècles ! Que te bénissent les Cieux et toutes tes créatures dans tous les siècles !

C'est toi qui as créé Adam, c'est toi qui as créé Ève sa femme, pour être son secours et son appui, et la race humaine est née de ces deux-là. C'est toi qui as dit : Il n'est pas bon que l'homme reste seul, faisons-lui une aide semblable à lui. Et maintenant, ce n'est pas le plaisir que je cherche en prenant ma sœur, mais je le fais d'un cœur sincère. Daigne avoir pitié d'elle et de moi, et nous mener ensemble à la vieillesse. »

Et ils dirent ensemble : « Amen, amen ! » Et ils se couchèrent pour la nuit.

Le père de Sarra, qui s'attend au pire, a ordonné à ses serviteurs de creuser une tombe, afin qu'on puisse enterrer le huitième mari dès le petit matin ! Mais les conseils de Raphaël ont été couronnés de succès : le lendemain, c'est un couple bien vivant et heureux qui se présente aux parents éperdus de joie. Ragouël demande donc à Tobie de rester une quinzaine de jours, afin de pouvoir offrir à son gendre une somptueuse hospitalité. Tobie accepte, mais n'oublie pas ses vieux parents qui se languissent de lui.

Alors Tobie s'adressa à Raphaël : « Frère Azarias, emmène quatre serviteurs et deux chameaux, et pars pour Rhagès. Tu iras chez

Gabaël, tu lui donneras le reçu et tu t'occuperas de l'argent. Enfin, tu l'inviteras à venir à mes noces, avec toi. Tu sais que mon père doit compter les jours, et que je ne puis en perdre un seul sans le contrarier. Tu vois bien à quoi Ragouël s'est engagé : je suis tenu par son serment. » Raphaël partit donc pour Rhagès de Médie, avec les quatre serviteurs et les deux chameaux. Ils descendirent chez Gabaël, à qui il présenta le reçu. Il lui fit part du mariage de Tobie, fils de Tobit, et de son invitation aux noces. Gabaël se mit à lui compter les sacs avec leurs sceaux intacts, et ils les chargèrent sur les chameaux. Ils partirent ensemble de bonne heure pour la noce, et ils arrivèrent chez Ragouël, où ils trouvèrent Tobie en train de dîner. Il se leva et le salua, Gabaël pleura et le bénit avec ces paroles : « Excellent fils d'un père parfait, juste et bienfaisant ! Que le Seigneur te donne la bénédiction du Ciel, à toi, et à ta femme, au père et à la mère de ta femme ! Béni soit Dieu de m'avoir fait voir le portrait vivant de mon cousin Tobit ! »

Les jours passent, et Tobit et son épouse désespèrent de revoir un jour leur fils. De son côté, le jeune Tobie doit insister pour que son beau-père le laisse partir. Celui-ci y consent finalement, et donne congé au jeune couple, après lui avoir donné la moitié de ses biens. Tobie et Sarra prennent le chemin du retour, toujours accompagnés de Raphaël.

Ils approchaient de Kasérîn, en face de Ninive, et Raphaël dit : « Tu sais dans quel état nous avons laissé ton père, prenons de l'avance sur ta femme pour aller préparer la maison, pendant qu'elle arrive avec les autres. » Ils marchèrent tous deux ensemble (il lui avait bien recommandé d'emporter le fiel), et le chien les suivait. Anna était assise, à surveiller la route par où viendrait son fils. Elle pressentit que c'était lui, et dit au père : « Voici ton fils qui arrive avec son compagnon ! »

Raphaël dit à Tobie, avant qu'il eût rejoint son père : « Je te garantis que les yeux de ton père vont s'ouvrir. Tu appliqueras sur son œil le fiel de poisson : l'onguent mordra, et lui ôtera des yeux une petite pellicule blanche. Alors ton père cessera d'être aveugle et verra la lumière. »

La mère courut se jeter au cou de son fils : « Maintenant, disait-elle, je puis mourir, je t'ai revu ! » Et elle pleura. Tobit se leva, il trébuchait, mais il parvint à franchir la porte de la cour. Tobie se dirigea à sa rencontre ; il portait à la main le fiel de poisson. Il lui souffla dans les yeux, et lui dit, en le tenant fort : « Aie confiance, père ! » Puis il appliqua l'onguent et le laissa quelque temps, et enfin, de chaque main, il lui ôta une petite pellicule du coin des yeux. Alors son père tomba à son cou et pleura, en s'écriant : « Je te vois, mon fils,

lumière de mes yeux ! » Il dit alors : « Béni soit Dieu ! Béni soit son grand Nom ! Bénis soient tous ses saints anges ! Béni soit son grand Nom dans tous les siècles ! Parce qu'Il m'avait frappé et qu'Il a eu pitié de moi, et que je vois mon fils Tobie ! »
Tobie entra dans la maison. De joie, il bénissait Dieu à haute voix. Puis il mit son père au courant : son voyage avait bien marché, il rapportait l'argent ; il avait épousé Sarra, fille de Ragouël ; elle le suivait de peu, elle n'était pas loin des portes de Ninive.

Le vieux Tobit part à la rencontre de sa belle-fille, et sur son passage, ceux qui le connaissent s'émerveillent de constater qu'il a recouvré la vue, et même sa vigueur d'autrefois. En voyant Sarra, il la comble de bénédictions et l'accompagne à sa nouvelle demeure. On célèbre les noces des jeunes gens.
À la fin des noces, Tobit appela son fils Tobie et lui dit : « Mon fils, pense à régler ce qui est dû à ton compagnon. Tu dépasseras le prix convenu. » Il demanda : « Père, combien vais-je lui donner pour ses services ? Même en lui laissant la moitié des biens qu'il a rapportés avec moi, je n'y perds pas. Il me ramène sain et sauf, il a soigné ma femme, il rapporte avec moi l'argent, et enfin il t'a guéri ! Combien lui donner encore pour cela ? » Tobit lui dit : « Il a bien mérité la moitié de ce qu'il a rapporté. » Tobie fit donc venir son compagnon et lui dit : « Prends la moitié de ce que tu as rapporté, pour prix de tes services, et va en paix. »
Alors Raphaël les prit tous les deux à l'écart et leur dit : « Bénissez Dieu, célébrez-le devant tous les vivants, pour le bien qu'il vous a fait. Bénissez et chantez son Nom. Faites connaître à tous les hommes les actions de Dieu comme elles le méritent, et ne vous lassez pas de le remercier. Il convient de garder le secret du roi, tandis qu'il convient de révéler et de publier les œuvres de Dieu. Remerciez-le dignement, faites ce qui est bien, et le malheur ne vous atteindra pas.
Mieux vaut la prière avec le jeûne et l'aumône avec la justice, que la richesse avec l'iniquité. Mieux vaut pratiquer l'aumône que thésauriser de l'or. L'aumône sauve de la mort et elle purifie de tout péché. Ceux qui font l'aumône sont rassasiés de jours. Ceux qui font le péché et le mal se font du tort à eux-mêmes.
Je vais vous dire toute la vérité, sans rien vous cacher : je vous ai déjà enseigné qu'il convient de garder le secret du roi, tandis qu'il convient de révéler dignement les œuvres de Dieu. Vous saurez donc que lorsque vous étiez en prière, toi et Sarra, c'est moi qui présentais vos supplications devant la Gloire du Seigneur et qui les lisais ; et de même, toi, lorsque tu enterrais les morts. J'ai été envoyé pour éprouver ta foi, et Dieu m'envoya en même temps pour te

guérir, ainsi que ta belle-fille Sarra. Je suis Raphaël, un des sept anges qui se tiennent toujours devant la Gloire du Seigneur. »
Ils furent remplis d'effroi tous les deux. Ils se prosternèrent et ils eurent grand-peur. Mais il leur dit : « Ne craignez point. Que la paix soit avec vous. Bénissez Dieu à jamais. Pour moi, quand j'étais avec vous, ce n'est pas à moi que vous deviez ma présence, mais à la volonté de Dieu : c'est lui qu'il faut bénir au long des jours, c'est lui qu'il faut chanter. Vous avez cru me voir manger : ce n'était qu'une apparence. Alors bénissez le Seigneur sur la terre, et rendez grâce à Dieu. Je vais remonter à Celui qui m'a envoyé. Écrivez tout ce qui est arrivé. » Et il s'éleva. Quand ils se redressèrent, il n'était plus visible. Ils louèrent Dieu par des hymnes, ils le remercièrent d'avoir opéré de telles merveilles : un ange de Dieu ne leur était-il pas apparu ?

Anges gardiens de chaque homme
Évangile de Matthieu (18, 10)
Sur cette phrase se fonde la croyance chrétienne aux anges gardiens :
Gardez-vous de mépriser un seul de ces petits ; car je vous dis que leurs anges dans les cieux voient continuellement la face de mon Père qui est dans les cieux.

Anges protecteurs des nations
Le livre du Deutéronome suggère qu'un ange est associé à chaque peuple. Michel apparaît comme le protecteur particulier du peuple d'Israël. L'Église catholique, qui se considère, selon les épîtres de Paul, comme le nouvel Israël, le prie donc comme son protecteur particulier. De façon plus générale, « les nations et les villes sont confiées aux anges », dit Clément d'Alexandrie. Jeanne d'Arc affirmait voir l'archange Michel, qui intervenait comme protecteur de la France. Par ailleurs, lors des apparitions de Fatima (Portugal) en 1917, que l'Église catholique reçoit comme authentiques, trois enfants déclaraient avoir vu un ange qui se présentait comme « l'ange du Portugal ».

Deutéronome (32, 8)
La majorité des Pères de l'Église, de Clément d'Alexandrie à Augustin, a interprété l'expression « fils de Dieu » employée dans ce passage comme une périphrase pour désigner les anges.
Quand le Très-Haut donna un héritage aux nations, quand il répartit les enfants des hommes, Il fixa les limites des peuples d'après le nombre des Fils de Dieu.

2e livre des Chroniques (32, 1 et 20-21)
Sennachérib, roi d'Assyrie, envahit le royaume de Juda, campa devant les villes fortes et ordonna d'en forcer les murs. [...] Alors le roi Ézéchias et le prophète Isaïe, fils d'Amos, prièrent et implorèrent le ciel. Yahvé envoya un ange qui extermina tous les vaillants hommes, les princes et les chefs, dans le camp des Assyriens.

Livre de Daniel (10, 12-13 et 20-21)
Sois sans crainte, Daniel ; car, dès le premier jour où tu as appliqué ton cœur à comprendre et à t'humilier devant ton Dieu, ta prière a été entendue ; et je suis venu vers toi, en réponse à tes paroles. Mais le chef du royaume de Perse s'est opposé à moi durant vingt et un jours. Alors Michel, l'un des principaux chefs, est venu à mon aide et je suis resté là auprès des rois de Perse. [...]
Sais-tu pourquoi je suis venu vers toi ? Je suis sur le point de m'en retourner pour combattre contre le chef de la Perse, et quand je partirai, le chef de la Grèce apparaîtra. Mais auparavant, je vais te révéler ce qui est écrit dans le livre de vérité. Personne ne me soutient contre tous ces adversaires, excepté Michel, votre chef.

Livre de Daniel (12, 1)
En ce temps-là se lèvera Michaël, le grand chef, le défenseur des enfants de ton peuple ; et ce sera une époque de détresse, telle qu'il n'y en a point eu de semblable depuis que les nations existent jusqu'à cette époque. En ce temps-là, ceux de ton peuple qui seront trouvés inscrits dans le livre seront sauvés.

MESSAGERS

C'est de cette mission qu'ils tirent leur nom d'anges : « messagers, envoyés ».

Pour porter des annonces aux hommes

Gabriel apparaît à plusieurs reprises comme l'ange messager, notamment dans l'Évangile de Luc. C'est lui qui annonce la naissance de Jésus (voir p. 56).

L'Annonce à Zacharie – Évangile de Luc (1, 5-25)
Au temps d'Hérode, roi de Judée, il y avait un sacrificateur, nommé Zacharie, de la classe d'Abia ; sa femme était d'entre les filles d'Aaron, et s'appelait Élisabeth. Tous deux étaient justes devant Dieu, observant d'une manière irréprochable tous les commandements et toutes les ordonnances du Seigneur. Ils n'avaient point d'enfants, parce que Élisabeth était stérile ; et ils étaient l'un et l'autre avancés en âge.

Or, pendant qu'il s'acquittait de ses fonctions devant Dieu, selon le tour de sa classe, il fut appelé par le sort, d'après la règle du sacerdoce, à entrer dans le temple du Seigneur pour offrir le parfum. Toute la multitude du peuple était dehors en prière, à l'heure du parfum.
Alors un ange du Seigneur apparut à Zacharie, et se tint debout à droite de l'autel des parfums. Zacharie fut troublé en le voyant, et la frayeur s'empara de lui. Mais l'ange lui dit : « Ne crains point, Zacharie ; car ta prière a été exaucée. Ta femme Élisabeth t'enfantera un fils, et tu lui donneras le nom de Jean. Il sera pour toi un sujet de joie et d'allégresse, et plusieurs se réjouiront de sa naissance. Car il sera grand devant le Seigneur. Il ne boira ni vin, ni liqueur enivrante, et il sera rempli de l'Esprit-Saint dès le sein de sa mère ; il ramènera plusieurs des fils d'Israël au Seigneur, leur Dieu ; il marchera devant Dieu avec l'esprit et la puissance d'Élie, pour ramener les cœurs des pères vers les enfants, et les rebelles à la sagesse des justes, afin de préparer au Seigneur un peuple bien disposé. » Zacharie dit à l'ange : « À quoi reconnaîtrai-je cela ? Car je suis vieux, et ma femme est avancée en âge. »
L'ange lui répondit : « Je suis Gabriel, je me tiens devant Dieu ; j'ai été envoyé pour te parler, et pour t'annoncer cette bonne nouvelle. Et voici, tu seras muet, et tu ne pourras parler jusqu'au jour où ces choses arriveront, parce que tu n'as pas cru à mes paroles, qui s'accompliront en leur temps. » Cependant, le peuple attendait Zacharie, s'étonnant de ce qu'il restait si longtemps dans le temple. Quand il sortit, il ne put leur parler, et ils comprirent qu'il avait eu une vision dans le temple ; il leur faisait des signes, et il resta muet. Lorsque ses jours de service furent écoulés, il s'en alla chez lui. Quelque temps après, Élisabeth, sa femme, devint enceinte. Elle se cacha pendant cinq mois, disant : « C'est la grâce que le Seigneur m'a faite, quand il a jeté les yeux sur moi pour ôter mon opprobre parmi les hommes. »

Dans certains récits bibliques, « l'Ange du Seigneur » envoyé pour porter un message devient pure transparence de Celui qui l'envoie : au cours du dialogue Dieu dit « Je » à travers lui. Au point que certains exégètes ont considéré « l'ange du Seigneur » comme un terme pour désigner Dieu lui-même.

Le sacrifice d'Abraham – Livre de la Genèse (22, 9-18)
Dieu a demandé à Abraham de lui sacrifier son fils unique, celui né miraculeusement de la Promesse. Épreuve de sa foi et de sa générosité, à laquelle l'intervention d'un ange met un terme heureux.
Lorsqu'ils furent arrivés au lieu que Dieu lui avait dit, Abraham y éleva un autel, et rangea le bois. Il lia son fils Isaac, et le mit sur

l'autel, par-dessus le bois. Puis Abraham étendit la main, et prit le couteau, pour égorger son fils. Alors l'ange de l'Éternel l'appela des cieux, et dit : « Abraham ! Abraham ! » Et il répondit : « Me voici ! » L'ange dit : « N'avance pas ta main sur l'enfant, et ne lui fais rien ; car je sais maintenant que tu crains Dieu, et que tu ne m'as pas refusé ton fils, ton unique. » Abraham leva les yeux, et vit derrière lui un bélier retenu dans un buisson par les cornes ; et Abraham alla prendre le bélier, et l'offrit en holocauste à la place de son fils. Abraham donna à ce lieu le nom de Yahvé-Jiré. C'est pourquoi l'on dit aujourd'hui : À la montagne de l'Éternel il sera pourvu. L'ange de l'Éternel appela une seconde fois Abraham des cieux, et dit : « Je le jure par moi-même, parole de l'Éternel ! Parce que tu as fait cela, et que tu n'as pas refusé ton fils, ton unique, je te bénirai et je multiplierai ta postérité, comme les étoiles du ciel et comme le sable qui est sur le bord de la mer ; et ta postérité possédera la porte de ses ennemis. Toutes les nations de la terre seront bénies en ta postérité, parce que tu as obéi à ma voix. »

L'Ange envoyé à Agar, servante d'Abram – Livre de la Genèse (16, 1-13)
Saraï, femme d'Abram, ne lui avait point donné d'enfants. Elle avait une servante égyptienne, nommée Agar. Et Saraï dit à Abram : « Voici, l'Éternel m'a rendue stérile ; va, je te prie, vers ma servante : peut-être aurai-je par elle des enfants. » Abram écouta la voix de Saraï. Alors Saraï, femme d'Abram, prit Agar, l'Égyptienne, sa servante, et la donna pour femme à Abram, son mari, après qu'Abram eut habité dix années dans le pays de Canaan.
Il alla vers Agar, et elle devint enceinte. Quand elle se vit enceinte, elle regarda sa maîtresse avec mépris.
Et Saraï dit à Abram : « L'outrage qui m'est fait retombe sur toi. J'ai mis ma servante dans ton sein ; et, quand elle a vu qu'elle était enceinte, elle m'a regardée avec mépris. Que l'Éternel soit juge entre moi et toi ! »
Abram répondit à Saraï : « Voici, ta servante est en ton pouvoir, agis à son égard comme tu le trouveras bon. » Alors Saraï la maltraita ; et Agar s'enfuit loin d'elle.
L'ange du Seigneur la trouva près d'une source d'eau dans le désert, près de la source qui est sur le chemin de Schur.
Il dit : « Agar, servante de Saraï, d'où viens-tu, et où vas-tu ? » Elle répondit : « Je fuis loin de Saraï, ma maîtresse. »
L'ange de l'Éternel lui dit : « Retourne vers ta maîtresse, et humilie-toi sous sa main. »
L'ange de l'Éternel lui dit : « Je multiplierai ta postérité, et elle sera si nombreuse qu'on ne pourra la compter. » L'ange de l'Éternel lui

dit : « Voici, tu es enceinte, et tu enfanteras un fils, à qui tu donneras le nom d'Ismaël ; car l'Éternel t'a entendue dans ton affliction. Il sera comme un âne sauvage ; sa main sera contre tous, et la main de tous sera contre lui ; et il habitera en face de tous ses frères. »
À l'Éternel qui lui avait parlé elle donna le nom de « El-Roï », car elle dit : « Ai-je rien vu ici, après celui qui m'a vue ? »

Pour expliquer des visions
Livre de Daniel (8, 15-19)
Tandis que moi, Daniel, j'avais cette vision et que je cherchais à la comprendre, voici, quelqu'un qui avait l'apparence d'un homme se tenait devant moi. Et j'entendis la voix d'un homme au milieu de l'Ulaï ; il cria et dit : « Gabriel, explique-lui la vision. » Il vint alors près du lieu où j'étais ; et à son approche, je fus effrayé, et je tombai sur ma face. Il me dit : « Sois attentif, fils de l'homme, car la vision concerne un temps qui sera la fin. » Comme il me parlait, je restai frappé d'étourdissement, la face contre terre. Il me toucha, et me fit tenir debout à la place où je me trouvais. Puis il me dit : « Je vais t'apprendre ce qui arrivera au terme de la colère, car il y a un temps marqué pour la fin. »

Livre de Daniel (9, 21-23)
Je parlais encore dans ma prière, quand l'apparence d'homme, Gabriel, que j'avais vu précédemment dans une vision, s'approcha de moi d'un vol rapide, au moment de l'offrande du soir. Il m'instruisit, et s'entretint avec moi. Il me dit : « Daniel, je suis venu maintenant pour ouvrir ton intelligence. Lorsque tu as commencé à prier, la parole est sortie, et je viens pour te l'annoncer ; car tu es un bien-aimé. Sois attentif à la parole, et comprends la vision ! »

Apocalypse (1, 1)
Tout au long du livre de l'Apocalypse, Jean est guidé par un ange qui lui révèle le sens de ses visions.
Révélation de Jésus-Christ, que Dieu lui a donnée pour montrer à ses serviteurs les choses qui doivent arriver bientôt, et qu'il a fait connaître, par l'envoi de son ange, à son serviteur Jean.

Exécuteurs des bienfaits et des châtiments divins

Bienfaits
Livre de Tobie (12, 13-14)
J'ai été envoyé pour éprouver ta foi, et Dieu m'envoya en même temps pour te guérir, ainsi que ta belle-fille Sarra.

Châtiments

La destruction de Sodome – Livre de la Genèse (19, 1-24)

Trois personnages mystérieux sont passés visiter Abraham, anges auxquels il disait tantôt « tu » tantôt « vous », et qui étaient pure transparence de l'Éternel. Ils ont annoncé à Abraham que Dieu avait décidé de détruire Sodome pour la châtier. Le neveu d'Abraham, Lot, habite à Sodome avec sa famille. Mais les messagers mystérieux annoncent qu'il sera épargné, car c'est un homme juste.

Ils se sont mis en route et ne sont plus que deux. Le récit les appelle tantôt « anges », tantôt « hommes » (dont ils ont pris l'apparence). À la fin, il ne les mentionne même plus, et ne désigne que Celui qui agit à travers eux : l'Éternel.

Les deux anges arrivèrent à Sodome sur le soir ; et Lot était assis à la porte de Sodome. Quand Lot les vit, il se leva pour aller au-devant d'eux, et se prosterna la face contre terre.

Puis il dit : « Voici, mes seigneurs, entrez, je vous prie, dans la maison de votre serviteur, et passez-y la nuit ; lavez-vous les pieds ; vous vous lèverez de bon matin, et vous poursuivrez votre route. » « Non, répondirent-ils, nous passerons la nuit dans la rue. »

Mais Lot les pressa tellement qu'ils vinrent chez lui et entrèrent dans sa maison. Il leur donna un festin, et fit cuire des pains sans levain. Et ils mangèrent.

Ils n'étaient pas encore couchés que les gens de la ville, les gens de Sodome, entourèrent la maison, depuis les enfants jusqu'aux vieillards ; toute la population était accourue.

Ils appelèrent Lot, et lui dirent : « Où sont les hommes qui sont entrés chez toi cette nuit ? Fais-les sortir vers nous, pour que nous les connaissions. »

Lot sortit vers eux à l'entrée de la maison, et ferma la porte derrière lui.

Et il dit : « Mes frères, je vous prie, ne faites pas le mal ! Voici, j'ai deux filles qui n'ont point connu d'homme ; je vous les amènerai dehors, et vous leur ferez ce qu'il vous plaira. Seulement, ne faites rien à ces hommes puisqu'ils sont venus à l'ombre de mon toit. »

Ils dirent : « Retire-toi ! » Ils dirent encore : « Celui-ci est venu comme étranger, et il veut faire le juge ! Eh bien, nous te ferons pis qu'à eux. » Et, pressant Lot avec violence, ils s'avancèrent pour briser la porte.

Les hommes étendirent la main, firent rentrer Lot vers eux dans la maison, et fermèrent la porte. Et ils frappèrent d'aveuglement les gens qui étaient à l'entrée de la maison, depuis le plus petit jusqu'au plus grand, de sorte qu'ils se donnèrent une peine inutile pour trouver la porte.

Les hommes dirent à Lot : « Qui as-tu encore ici ? Gendres, fils et filles, et tout ce qui t'appartient dans la ville, fais-les sortir de ce lieu. Car nous allons détruire ce lieu, parce que le cri contre ses habitants est grand devant l'Éternel. L'Éternel nous a envoyés pour le détruire. »
Lot sortit, et parla à ses gendres qui avaient pris ses filles : « Levez-vous, dit-il, sortez de ce lieu, car l'Éternel va détruire la ville. » Mais, aux yeux de ses gendres, il parut plaisanter.

Dès l'aube du jour, les anges insistèrent auprès de Lot, en disant : « Lève-toi, prends ta femme et tes deux filles qui se trouvent ici, de peur que tu ne périsses dans la ruine de la ville. »
Et comme il tardait, les hommes le saisirent par la main, lui, sa femme et ses deux filles, car l'Éternel voulait l'épargner ; ils l'emmenèrent, et le laissèrent hors de la ville.
Après les avoir fait sortir, l'un d'eux dit : « Sauve-toi, pour ta vie ; ne regarde pas derrière toi, et ne t'arrête pas dans toute la plaine ; sauve-toi vers la montagne, de peur que tu ne périsses. »
Lot leur dit : « Oh ! non, Seigneur ! Voici, j'ai trouvé grâce à tes yeux, et tu as montré la grandeur de ta miséricorde à mon égard, en me conservant la vie ; mais je ne puis me sauver à la montagne, avant que le désastre m'atteigne, et je périrai. Voici, cette ville est assez proche pour que je m'y réfugie, et elle est petite. Oh ! que je puisse m'y sauver – n'est-elle pas petite ? – et que mon âme vive ! »
Et il lui dit : « Voici, je t'accorde encore cette grâce, et je ne détruirai pas la ville dont tu parles. Hâte-toi de t'y réfugier, car je ne puis rien faire jusqu'à ce que tu y sois arrivé. »
C'est pour cela que l'on a donné à cette ville le nom de Tsoar. Le soleil se levait sur la terre, lorsque Lot entra dans Tsoar.
Alors l'Éternel fit pleuvoir du ciel sur Sodome et sur Gomorrhe du soufre et du feu, de par l'Éternel.

INTERMÉDIAIRES ENTRE LES HOMMES ET DIEU, PORTEURS DE LEURS PRIÈRES ET DE LEURS BONNES ACTIONS

L'échelle de Jacob – Livre de la Genèse (28, 10-13.16-17)
Jacob partit de Beer-Schéba, et s'en alla à Charan.
Il arriva dans un lieu où il passa la nuit ; car le soleil était couché. Il y prit une pierre, dont il fit son chevet, et il se coucha dans ce lieu-là.
Il eut un songe. Et voici, une échelle était appuyée sur la terre, et son sommet touchait au ciel. Et voici, les anges de Dieu montaient et descendaient par cette échelle.
Et voici, l'Éternel se tenait au-dessus d'elle. Et il dit : « Je suis l'Éternel, le Dieu d'Abraham, ton père, et le Dieu d'Isaac. La terre sur laquelle tu es couché, je la donnerai à toi et à ta postérité. » [...]

Jacob s'éveilla de son sommeil et il dit : « Certainement, l'Éternel est en ce lieu, et moi, je ne le savais pas ! » Il eut peur, et dit : « Que ce lieu est redoutable ! C'est ici la maison de Dieu, c'est ici la porte du Ciel ! »

Livre de Tobie (12, 12)
Vous saurez donc que, lorsque vous étiez en prière, toi et Sarra, c'est moi qui présentais vos supplications devant la Gloire du Seigneur et qui les lisais ; et de même, toi, lorsque tu enterrais les morts.

L'Ange à l'encensoir d'or – Apocalypse (8, 3-5)
Et un autre ange vint, et il se tint sur l'autel, ayant un encensoir d'or ; on lui donna beaucoup de parfums, afin qu'il les offrît, avec les prières de tous les saints, sur l'autel d'or qui est devant le trône. La fumée des parfums monta, avec les prières des saints, de la main de l'ange devant Dieu. Et l'ange prit l'encensoir, le remplit du feu de l'autel, et le jeta sur la terre. Et il y eut des voix, des tonnerres, des éclairs, et un tremblement de terre.

Psychopompes, passeurs des morts dans l'au-delà

La parabole de Lazare – Évangile de Luc (16, 20-23)
Un pauvre, nommé Lazare, était couché à sa porte, couvert d'ulcères, et désireux de se rassasier des miettes qui tombaient de la table du riche ; et même les chiens venaient encore lécher ses ulcères. Le pauvre mourut, et il fut porté par les anges dans le sein d'Abraham. Le riche mourut aussi, et il fut enseveli. Dans le séjour des morts, il leva les yeux ; et, tandis qu'il était en proie aux tourments, il vit de loin Abraham, et Lazare dans son sein.

Épître de Jude (1, 9)
L'archange Michel, lorsqu'il contestait avec le diable et lui disputait le corps de Moïse, n'osa pas porter contre lui de jugement injurieux, mais lui dit : « Que le Seigneur te réprime ! »

Le démon : son action

Dans la Bible, la première mention d'un ange est l'intervention de l'ange déchu auprès des premiers hommes sous la forme d'un mystérieux « serpent ».

Dans la logique de cet être à qui avait été donnée la beauté la plus grande de tous les êtres créés, il est insupportable que des êtres de nature inférieure – la nature humaine – puissent accéder à la Vision divine dont il s'est exclu lui-même pour toujours. Le démon de la Bible est un être mû par la haine et la jalousie. Ne pouvant nuire à

Dieu, il va s'en prendre à ses créatures, avec le désir de les entraîner dans sa révolte et son enfer, et de détruire ceux qu'il ne peut détourner de Dieu. L'illustration la plus claire en est le 2e chapitre de la Genèse.

À travers les récits et les métaphores des Écritures se dessine une réponse à la lancinante question des hommes face à la présence du mal dans l'univers. Et cette réponse est d'ordre métaphysique. Loin du fatalisme accablé des tragédies grecques, la créature du Dieu biblique, qu'elle soit ange ou homme, est un être libre, c'est-à-dire capable de choisir entre le bien et le mal. Cette liberté fait de lui un être responsable. Les maux rencontrés par l'homme, à savoir la souffrance, la maladie, la mort, mais aussi l'ignorance, ou les passions mauvaises, découlent d'un choix premier : accepter ou refuser le Bien suprême.

Et plus le choix du mal a été conscient, plus ses conséquences sont étendues : c'est pourquoi la chute de Lucifer est présentée comme première et déterminante, entraînant toutes les autres. Pour l'ange comme pour l'homme, le mal ultime sera le rejet définitif loin de la Face de Dieu, l'enfer : le lieu où la créature est coupée, non plus seulement de la Source de tout bien, mais aussi des biens eux-mêmes.

Pour reprendre une formule platonicienne, face au mal, le Dieu biblique est un « Dieu innocent ».

Jaloux des hommes et homicide

Livre de la Sagesse (2, 23-24)
Dieu a créé l'homme pour l'incorruptibilité, [...] *c'est par l'envie du diable que la mort est entrée dans le monde, ils en font l'expérience, ceux qui lui appartiennent !*

Évangile de Jean (8, 44)
Jésus dit aux pharisiens :
Le démon a été homicide dès le commencement.

Menteur et tentateur pour entraîner l'homme dans sa révolte

Le Menteur : Évangile de Jean (8, 44)
Jésus dit aux pharisiens :
Le démon ne se tient pas dans la vérité, parce qu'il n'y a pas de vérité en lui. Lorsqu'il profère le mensonge, il parle de son propre fonds ; car il est menteur et le père du mensonge.

Le Tentateur : Livre de la Genèse (2, 15-17 ; 3, 1-21.24)
Dans ce texte fondamental, tout est dit sur les relations entre Dieu, les hommes et le serpent : d'une part, un Dieu qui a établi les hom-

mes dans la confiance et l'obéissance. Son but ultime, révélé dans d'autres passages, et déjà sous-entendu : faire entrer Adam et Ève dans l'intimité divine. De l'autre, le diable, qui veut entraîner l'homme dans sa révolte, et emploie la séduction et le mensonge, en faisant miroiter ce qui a été son propre désir : « Vous serez comme des dieux. » Inspirée par Lucifer, la désobéissance d'Adam et Ève aura les mêmes caractéristiques que la sienne : désir d'égaler Dieu par orgueil, manque de confiance, refus de son commandement perçu comme aliénant, et finalement déchéance. C'est le « péché originel », dans lequel entrera à leur suite toute l'humanité.

En définitive, Dieu et le démon proposent chacun à l'homme d'être divinisé : en devenant « participant de la nature divine » (2e épître de Pierre 1, 4) par une voie d'obéissance et d'humilité, ou en se faisant égal et rival, par orgueil.

La différence, de taille, entre la révolte de l'ange et celle des hommes est que les hommes, dont l'intelligence est moins étendue que celle des anges, ont par là même la possibilité de se repentir : au moment de leur choix, ils ne sont pas conscients de toutes les conséquences qu'il implique, et peuvent se raviser par la suite.

D'où la possibilité d'un pardon et d'un rachat : c'est tout le sujet de la Bible. Mais ce rachat n'aura pas de caractère systématique. Chaque homme devra choisir son camp : ceux qui choisissent l'obéissance à Dieu seront la « postérité » promise à la femme. Les autres seront la postérité du Révolté.

À partir de là, toute l'histoire de l'humanité est présentée comme une bataille entre ces deux « postérités ». Celle promise à la femme doit l'emporter sur l'autre : de là la grande attente d'Israël au sujet d'un messie libérateur.

Il faut relever l'importance du rôle de la femme, placée au centre d'une perspective cosmique : c'est par elle que l'humanité fait le choix de la Vie ou de la perdition. Cette vision est reprise par Jean dans l'Apocalypse, où la Femme est manifestée comme un « signe grandiose » au centre des combats : nouvelle Ève qui représente à la fois Marie, qui enfante Jésus, et l'Église, qui enfante les disciples de Jésus.

L'Éternel Dieu prit l'homme, et le plaça dans le jardin d'Éden pour le cultiver et pour le garder. L'Éternel Dieu donna cet ordre à l'homme : « Tu pourras manger de tous les arbres du jardin. Mais tu ne mangeras pas de l'arbre de la connaissance du bien et du mal, car le jour où tu en mangeras, tu mourras. »

Le serpent était le plus rusé de tous les animaux des champs, que l'Éternel Dieu avait faits. Il dit à la femme : « Dieu a-t-il réellement dit : Vous ne mangerez pas de tous les arbres du jardin ? » La femme répondit au serpent : « Nous mangeons du fruit des arbres du jardin. Mais quant au fruit de l'arbre qui est au milieu du jardin, Dieu a dit : Vous n'en mangerez point et vous n'y toucherez point, de peur que vous ne mouriez. » Alors le serpent dit à la femme : « Pas du tout ! Vous ne mourrez point ; mais Dieu sait que, le jour où vous en mangerez, vos yeux s'ouvriront, et que vous serez comme des dieux, connaissant le bien et le mal. »

La femme vit que l'arbre était bon à manger et agréable à la vue, et qu'il était précieux pour ouvrir l'intelligence ; elle prit de son fruit, et en mangea ; elle en donna aussi à son mari, qui était auprès d'elle, et il en mangea. Les yeux de l'un et de l'autre s'ouvrirent, ils connurent qu'ils étaient nus, et ayant cousu des feuilles de figuier, ils s'en firent des ceintures.

Alors ils entendirent la voix de l'Éternel Dieu, qui parcourait le jardin vers le soir, et l'homme et sa femme se cachèrent loin de la face de l'Éternel Dieu, au milieu des arbres du jardin.

Mais l'Éternel Dieu appela l'homme, et lui dit : « Où es-tu ? » Il répondit : « J'ai entendu ta voix dans le jardin, et j'ai eu peur, parce que je suis nu, et je me suis caché. » Et l'Éternel Dieu dit : « Qui t'a appris que tu es nu ? Est-ce que tu as mangé de l'arbre dont je t'avais défendu de manger ? » L'homme répondit : « La femme que tu as mise auprès de moi m'a donné de l'arbre, et j'en ai mangé. » Et l'Éternel Dieu dit à la femme : « Pourquoi as-tu fait cela ? » La femme répondit : « Le serpent m'a séduite, et j'en ai mangé. » L'Éternel Dieu dit au serpent : « Puisque tu as fait cela, tu seras maudit entre tout le bétail et entre tous les animaux des champs, tu marcheras sur ton ventre, et tu mangeras de la poussière tous les jours de ta vie.

Je mettrai inimitié entre toi et la femme, entre ta postérité et sa postérité : celle-ci t'écrasera la tête, et tu la blesseras au talon. »

Il dit à la femme : « Je multiplierai la souffrance de tes grossesses, tu enfanteras dans la douleur, et tes désirs se porteront vers ton mari, mais il dominera sur toi. »

Il dit à l'homme : « Puisque tu as écouté la voix de ta femme, et que tu as mangé de l'arbre au sujet duquel je t'avais donné cet ordre : Tu n'en mangeras point ! le sol sera maudit à cause de toi. C'est à force de peine que tu en tireras ta nourriture tous les jours de ta vie, il te produira des épines et des ronces, et tu mangeras de l'herbe des champs. C'est à la sueur de ton visage que tu mangeras du pain, jusqu'à ce que tu retournes dans la terre, d'où tu as été pris ; car tu es poussière, et tu retourneras dans la poussière. »

Adam donna à sa femme le nom d'Ève : car elle a été la mère de tous les vivants.
L'Éternel Dieu fit à Adam et à sa femme des habits de peau, et il les en revêtit.
Et l'Éternel Dieu le chassa du jardin d'Éden, pour qu'il cultivât la terre, d'où il avait été pris.
C'est ainsi qu'il chassa Adam.
Et il mit à l'orient du jardin d'Éden les Kerubim, qui agitent une épée flamboyante, pour garder le chemin de l'arbre de vie.

Ecclésiastique (21, 1 et 27)
Le démon biblique n'est pas une force qui priverait l'homme de sa liberté, le réduisant au fatalisme et au désespoir. La responsabilité de l'homme dans ses choix reste entière, et s'il fait le choix du mal, il peut tant qu'il est en vie en revenir : en ce sens la vision biblique du mal reste optimiste.
Mon fils ! As-tu péché ? Ne recommence plus et implore le pardon de tes fautes passées.
Quand l'impie maudit le Satan, c'est lui-même qu'il maudit.

RÉDUIT LES HOMMES EN ESCLAVAGE ET VEUT SE FAIRE ADORER À LA PLACE DE DIEU

Cherche à se faire adorer à la place de Dieu.
Les idoles et tous les rites de magie et de sorcellerie apparaissent dans la Bible comme une œuvre du démon pour détourner à son profit le culte dû à Dieu.

Psaume 15 (2-4)
J'ai dit au Seigneur : C'est Toi mon Dieu, mon bonheur n'est en aucun de ces démons de la terre, ceux-là en imposent à tous ceux qui les aiment.
On multiplie les idoles, on court après les dieux étrangers : je ne répands pas leurs libations de sang, je ne mets pas leurs noms sur mes lèvres.

Lévitique (19, 31)
Ne vous tournez point vers ceux qui évoquent les esprits, ni vers les devins. Ne les recherchez point, de peur de vous souiller avec eux. Je suis l'Éternel votre Dieu.

Prince de ce monde

Évangile de Luc (4, 5-8)

Le diable, ayant mené Jésus sur une hauteur, lui montra en un instant tous les royaumes de la terre, et lui dit : « Je te donnerai toute cette puissance, et la gloire de ces royaumes ; car elle m'a été donnée, et je la donne à qui je veux. Si donc tu te prosternes devant moi, elle sera toute à toi. » Jésus lui répondit : « Il est écrit : Tu adoreras le Seigneur, ton Dieu, et tu le serviras lui seul. »

Épître de Paul aux Éphésiens (2, 1-3)

Vous étiez morts par vos offenses et par vos péchés, dans lesquels vous marchiez autrefois, selon le train de ce monde, selon le Prince de la puissance de l'air, de cet esprit qui agit maintenant dans les fils de la rébellion. Nous tous aussi, nous étions de leur nombre, et nous vivions autrefois selon les convoitises de notre chair, accomplissant les volontés de la chair et de nos pensées, et nous étions par nature des enfants de colère, comme les autres...

Apocalypse (20, 7-8)

Quand les mille ans seront accomplis, Satan sera relâché de sa prison. Et il sortira pour séduire les nations qui sont aux quatre coins de la terre, Gog et Magog, afin de les rassembler pour la guerre ; leur nombre est comme le sable de la mer.

ÉPROUVE LES JUSTES

Le livre de Job (extraits)

Dans son *Commentaire du livre de Job*, Thomas d'Aquin présente ce livre comme une réponse à « cette question des malheurs qui frappent indifféremment les justes et qui semble exclure la divine providence des affaires humaines » : le malheur lui-même est « sous le contrôle divin », et les interventions de Satan auprès de Dieu pour éprouver la fidélité de ses serviteurs prennent place dans un univers « dont Dieu prend soin et qu'il gouverne ».

Les « fils de Dieu » qui prennent place devant Dieu, et parmi lesquels s'introduit Satan, sont ici les anges.

Il y avait dans le pays d'Uts un homme qui s'appelait Job. Et cet homme était intègre et droit ; il craignait Dieu, et se détournait du mal. Il lui naquit sept fils et trois filles.

Il possédait sept mille brebis, trois mille chameaux, cinq cents paires de bœufs, cinq cents ânesses, et un très grand nombre de serviteurs. Et cet homme était le plus considérable de tous les fils de l'Orient.

Ses fils allaient les uns chez les autres et donnaient tour à tour un festin, et ils invitaient leurs trois sœurs à manger et à boire avec eux.
Et quand les jours de festin étaient passés, Job appelait et sanctifiait ses fils, puis il se levait de bon matin et offrait pour chacun d'eux un holocauste ; car Job disait : « Peut-être mes fils ont-ils péché et ont-ils offensé Dieu dans leur cœur. » C'est ainsi que Job avait coutume d'agir.
Or, les fils de Dieu vinrent un jour se présenter devant l'Éternel, et Satan vint aussi au milieu d'eux.
L'Éternel dit à Satan : « D'où viens-tu ? » Et Satan répondit à l'Éternel : « De parcourir la terre et de m'y promener. »
L'Éternel dit à Satan : « As-tu remarqué mon serviteur Job ? Il n'y a personne comme lui sur la terre ; c'est un homme intègre et droit, craignant Dieu, et se détournant du mal. »
Et Satan répondit à l'Éternel : « Est-ce d'une manière désintéressée que Job craint Dieu ?
Ne l'as-tu pas protégé, lui, sa maison, et tout ce qui est à lui ? Tu as béni l'œuvre de ses mains, et ses troupeaux couvrent le pays. Mais étends ta main, touche à tout ce qui lui appartient, et je suis sûr qu'il te maudit en face. »
L'Éternel dit à Satan : « Voici, tout ce qui lui appartient, je te le livre ; seulement, ne porte pas la main sur lui. » Et Satan se retira de devant la face de l'Éternel.
Un jour que les fils et les filles de Job mangeaient et buvaient du vin dans la maison de leur frère aîné, il arriva auprès de Job un messager qui dit : « Les bœufs labouraient et les ânesses paissaient à côté d'eux ; des Sabéens se sont jetés dessus, les ont enlevés, et ont passé les serviteurs au fil de l'épée. Et je me suis échappé moi seul, pour t'en apporter la nouvelle. »
Il parlait encore, lorsqu'un autre vint et dit : « Le feu de Dieu est tombé du ciel, a embrasé les brebis et les serviteurs, et les a consumés. Et je me suis échappé moi seul, pour t'en apporter la nouvelle. »
Il parlait encore, lorsqu'un autre vint et dit : « Des Chaldéens, formés en trois bandes, se sont jetés sur les chameaux, les ont enlevés, et ont passé les serviteurs au fil de l'épée. Et je me suis échappé moi seul, pour t'en apporter la nouvelle. »
Il parlait encore, lorsqu'un autre vint et dit : « Tes fils et tes filles mangeaient et buvaient du vin dans la maison de leur frère aîné ; et voici, un grand vent est venu de l'autre côté du désert, et a frappé contre les quatre coins de la maison ; elle s'est écroulée sur les jeunes gens, et ils sont morts. Et je me suis échappé moi seul, pour t'en apporter la nouvelle. »

Alors Job se leva, déchira son manteau, et se rasa la tête ; puis, se jetant par terre, il se prosterna, et dit : « Je suis sorti nu du sein de ma mère, et nu je retournerai dans le sein de la terre. L'Éternel a donné, et l'Éternel a ôté ; que le nom de l'Éternel soit béni ! »
En tout cela, Job ne pécha point et n'attribua rien d'injuste à Dieu.
Or, les fils de Dieu vinrent un jour se présenter devant l'Éternel, et Satan vint aussi au milieu d'eux se présenter devant l'Éternel. L'Éternel dit à Satan : « D'où viens-tu ? » Et Satan répondit à l'Éternel : « De parcourir la terre et de m'y promener. »
L'Éternel dit à Satan : « As-tu remarqué mon serviteur Job ? Il n'y a personne comme lui sur la terre ; c'est un homme intègre et droit, craignant Dieu, et se détournant du mal. Il demeure ferme dans son intégrité, et tu m'excites à le perdre sans motif. »
Et Satan répondit à l'Éternel : « Peau pour peau ! tout ce que possède un homme, il le donne pour sa vie. Mais étends ta main, touche à ses os et à sa chair, et je suis sûr qu'il te maudit en face. »
L'Éternel dit à Satan : « Voici, je te le livre : seulement, épargne sa vie. » Et Satan se retira de devant la face de l'Éternel. Puis il frappa Job d'un ulcère malin, depuis la plante du pied jusqu'au sommet de la tête.
Et Job prit un tesson pour se gratter et s'assit sur la cendre.
Sa femme lui dit : « Tu demeures ferme dans ton intégrité ! Maudis Dieu, et meurs ! »
Mais Job lui répondit : « Tu parles comme une femme insensée. Quoi ! nous recevons de Dieu le bien, et nous ne recevrions pas aussi le mal ! » En tout cela Job ne pécha point par ses lèvres.

Job perd ses biens, ses enfants, sa santé, mais l'épreuve n'entame pas sa piété : rongé par la souffrance et l'angoisse, il reste dans l'adoration et la crainte de Dieu.
L'Éternel rétablit Job dans son premier état, quand Job eut prié pour ses amis ; et l'Éternel lui accorda le double de tout ce qu'il avait possédé.
Les frères, les sœurs, et les anciens amis de Job vinrent tous le visiter, et ils mangèrent avec lui dans sa maison. Ils le plaignirent et le consolèrent de tous les malheurs que l'Éternel avait fait venir sur lui, et chacun lui donna un kesita et un anneau d'or.
Pendant ses dernières années, Job reçut de l'Éternel plus de bénédictions qu'il n'en avait reçu dans les premières. Il posséda quatorze mille brebis, six mille chameaux, mille paires de bœufs, et mille ânesses. Il eut sept fils et trois filles : il donna à la première le nom de

Jemima, à la seconde celui de Ketsia, et à la troisième celui de Kéren-Happuc.
Il n'y avait pas dans tout le pays d'aussi belles femmes que les filles de Job. Leur père leur accorda une part d'héritage parmi leurs frères.
Job vécut après cela cent quarante ans, et il vit ses fils et les fils de ses fils jusqu'à la quatrième génération.
Et Job mourut âgé et rassasié de jours.

IV

Anges et démons autour de Jésus

JÉSUS, « ANGE » PAR EXCELLENCE

Jésus n'est pas un ange. Pour la théologie chrétienne, il a une double nature, humaine et divine, mais pas angélique. Cependant il est appelé par l'Église « roi des anges » car, outre qu'il doit être placé au-dessus des anges après son triomphe, il accomplit à un titre suréminent tous les titres et les missions qui leur sont attribués : il est par excellence l'Envoyé, le Serviteur obéissant, celui qui se tient en présence de la Gloire divine, le Fils de Dieu.

Livre d'Isaïe (9, 5)
Un enfant nous est né, un fils nous est donné, et la domination reposera sur son épaule. On l'appellera Admirable, Envoyé du grand conseil, Dieu puissant, Père éternel, Prince de la paix.

Évangile de Luc (4, 16-21)
Jésus se rendit à Nazareth, où il avait été élevé, et, selon sa coutume, il entra dans la synagogue le jour du sabbat. Il se leva pour faire la lecture, et on lui remit le livre du prophète Isaïe. L'ayant déroulé, il trouva l'endroit où il était écrit : « L'Esprit du Seigneur est sur moi, parce qu'il m'a oint pour annoncer une bonne nouvelle aux pauvres. Il m'a envoyé pour guérir ceux qui ont le cœur brisé, pour proclamer aux captifs la délivrance, et aux aveugles le recouvrement de la vue, pour renvoyer libres les opprimés, pour publier une année de grâce du Seigneur. » Ensuite, il roula le livre, le remit au serviteur, et s'assit. Tous ceux qui se trouvaient dans la synagogue avaient les regards fixés sur lui. Alors il commença à leur dire : « Aujourd'hui cette parole de l'Écriture, que vous venez d'entendre, est accomplie. »

Évangile de Jean (6, 38)
Je suis descendu du ciel pour faire, non ma volonté, mais la volonté de celui qui m'a envoyé.

Épître de Paul aux Hébreux (1, 3)
Étant le reflet de la gloire de Dieu et l'empreinte de sa substance, le Fils, qui soutient toutes choses par sa parole puissante, a accompli la purification des péchés et s'est assis à la droite de la majesté divine dans les lieux très hauts.

JÉSUS, ANTITHÈSE DU DÉMON

Dans la perspective du combat entre « les deux postérités » présentée par la Genèse, le Nouveau Testament considère Jésus comme la postérité promise à la femme, celle qui doit remporter la victoire sur l'autre camp : le Messie.

Tout le Nouveau Testament peut se lire comme le combat titanesque entre Jésus et le démon, et leurs camps respectifs. Le démon est présenté comme le « prince de ce monde », comme « propriétaire » tyrannique des hommes – selon la pratique de l'esclavage dans l'Antiquité – que le péché lui a livrés. Jésus vient l'affronter pour racheter les hommes à ce pouvoir ; et le prix qu'il paie est son sang : c'est tout le sens de sa passion et de sa mort.

Les deux ennemis qui s'affrontent sont l'antithèse l'un de l'autre, par ce qu'ils sont, par leur action, par leurs méthodes.

Le démon de la Bible avilit les hommes en les inclinant au mal, il les asservit, veut se faire adorer par eux, les accable de maladies, les entraîne dans sa révolte et son enfer. En Jésus, les Évangiles décrivent un Dieu qui honore la nature humaine au point de l'assumer, qui se fait serviteur des hommes, les guérit, les libère du péché et du démon, et donne sa vie pour eux. En lui, les hommes peuvent retrouver non seulement leur dignité première, mais une plus grande encore : celle de fils de Dieu. C'est donc pour eux une revanche éclatante sur celui qui les avait haïs et méprisés. Mais encore une fois, le Dieu de la Bible ne se (re)trouve pas par la pure connaissance (comme le propose le serpent à Adam et Ève) à laquelle seuls des initiés auraient accès : il se révèle et se donne à ceux qui posent un acte d'ordre à la fois théologal[1] et moral, de foi et d'humilité.

Les anges, selon leur choix initial, vont venir se grouper autour de Jésus ou du démon.

---

1. Qui se rapporte à Dieu.

Face au révolté orgueilleux, Jésus humble serviteur de Dieu

Épître de Paul aux Philippiens (2, 6-11)
Jésus-Christ, étant dès l'origine de condition divine, ne retint pas jalousement le rang qui l'égalait à Dieu, mais s'est dépouillé lui-même, en prenant une forme de serviteur, en devenant semblable aux hommes ; et ayant paru comme un simple homme, il s'est humilié lui-même, se rendant obéissant jusqu'à la mort, même jusqu'à la mort de la croix. C'est pourquoi aussi Dieu l'a souverainement élevé, et lui a donné le nom qui est au-dessus de tout nom, afin qu'au nom de Jésus tout genou fléchisse dans les cieux, sur la terre et sous la terre, et que toute langue confesse que Jésus-Christ est Seigneur, à la gloire de Dieu le Père.

Face au démon tyrannique, Jésus maître plein de douceur et serviteur des hommes

Évangile de Matthieu (11, 28-30)
Venez à moi, vous tous qui êtes fatigués et chargés, et je vous donnerai du repos. Prenez mon joug sur vous et recevez mes instructions, car je suis doux et humble de cœur ; et vous trouverez du repos pour vos âmes. Car mon joug est doux, et mon fardeau léger.

Jean (13, 12-15)
Après que Jésus eut lavé les pieds de ses apôtres, et qu'il eut remis son manteau, il se remit à table, et leur dit : « Comprenez-vous ce que je vous ai fait ? Vous m'appelez Maître et Seigneur ; et vous dites bien, car je le suis. Si donc je vous ai lavé les pieds, moi, le Seigneur et le Maître, vous devez aussi vous laver les pieds les uns aux autres ; car je vous ai donné un exemple, afin que vous fassiez comme je vous ai fait. »

Face au démon qui méprise, Jésus partage les souffrances des hommes

Épître de Paul aux Hébreux (2, 12.14-18)
Le Christ ne rougit pas de nommer « frères » ceux qu'il a guidés vers le salut. Ainsi donc, puisque les « enfants » ont en commun le sang et la chair, il y a également participé lui-même, afin que, par la mort, il anéantît celui qui a la puissance de la mort, c'est-à-dire le diable, et qu'il délivrât tous ceux qui, par crainte de la mort, étaient toute leur vie retenus dans la servitude. Car assurément ce n'est pas à des anges qu'il vient en aide, mais c'est à la postérité d'Abraham. En conséquence, il a dû être rendu semblable en toutes choses à ses « frères », afin qu'il fût un grand prêtre miséricordieux et fidèle dans le service de Dieu, pour faire l'expiation

des péchés du peuple ; car, ayant été lui-même éprouvé dans ce qu'il a souffert, il peut secourir ceux qui sont éprouvés.

Face au menteur qui asservit, Jésus Vérité libératrice

Évangile de Jean (8, 31-36)
Jésus dit aux Juifs qui avaient cru en lui : « Si vous demeurez dans ma parole, vous êtes vraiment mes disciples ; vous connaîtrez la vérité, et la vérité vous rendra libres.
Ils lui répondirent : « Nous sommes la postérité d'Abraham, et nous ne fûmes jamais esclaves de personne ; comment dis-tu : Vous deviendrez libres ? » « En vérité, en vérité, je vous le dis, leur répliqua Jésus, quiconque se livre au péché est esclave du péché. Or, l'esclave ne demeure pas toujours dans la maison ; mais le fils y demeure toujours. Si donc le Fils vous affranchit, vous serez réellement libres. »

Face au séducteur, Jésus propose un chemin difficile

Évangile de Luc (9, 23-26)
Puis Jésus dit à tous : « Si quelqu'un veut venir à ma suite, qu'il renonce à lui-même, qu'il se charge chaque jour de sa croix, et qu'il me suive. Car celui qui voudra sauver sa vie la perdra, mais celui qui la perdra à cause de moi la sauvera. Et que servirait-il à un homme de gagner le monde entier, s'il se détruisait ou se perdait lui-même ? Car quiconque aura honte de moi et de mes paroles, le Fils de l'homme aura honte de lui, quand il viendra dans sa gloire, et dans celle du Père et des saints anges. »

Face à l'accusateur, Jésus avocat

1re épître de Jean (2, 1-2)
Mes petits enfants, je vous écris ces choses, afin que vous ne péchiez point. Mais si quelqu'un a péché, nous avons un avocat auprès du Père, Jésus-Christ le Juste. Il est lui-même une victime expiatoire pour nos péchés, non seulement pour les nôtres, mais aussi pour ceux du monde entier.

Apocalypse (12, 10)
Il est tombé, l'accusateur de nos frères, celui qui les accusait devant notre Dieu jour et nuit.

« Devenir des fils » en réponse à « vous serez comme des dieux »

Évangile de Jean (1, 12)
« Fils de Dieu » doit ici s'entendre au sens précis qu'il a dans le mystère trinitaire : ce que Jésus offre aux hommes qui croient

en lui, c'est de partager la filiation divine qui fait de lui le Fils unique engendré par le Père.
À tous ceux qui l'ont reçu, à ceux qui croient en son nom, il a donné le pouvoir de devenir fils de Dieu, des fils non engendrés du sang, ni d'un désir de la chair, ni d'une volonté d'homme, mais de Dieu.

2e épître de Pierre (1, 3-4)
La divine puissance nous a donné tout ce qui contribue à la vie et à la piété, en nous faisant connaître Celui qui nous a appelés par sa propre gloire et par sa vertu, lesquelles nous assurent de sa part les plus grandes et les plus précieuses promesses, afin que par elles vous deveniez participants de la nature divine.

LES ANGES AU SERVICE DE JÉSUS DÈS SA NAISSANCE

Épître de Paul aux Hébreux (1, 6)
Et lorsque Dieu introduit de nouveau dans le monde le premier-né, il dit : « Que tous les anges de Dieu l'adorent ! »

L'annonce à Marie : Évangile de Luc (1, 26-38)
Dans ce texte capital, Gabriel annonce Jésus comme le Messie, l'incarnation des prophéties et de la Promesse faite aux patriarches et aux rois. L'élément nouveau de cette révélation est qu'ici la nature divine de Jésus est annoncée explicitement : il sera le « Fils du Très-Haut ».
Au sixième mois, l'ange Gabriel fut envoyé par Dieu dans une ville de Galilée, appelée Nazareth, auprès d'une vierge fiancée à un homme de la maison de David, nommé Joseph. Le nom de la vierge était Marie. L'ange entra chez elle, et dit : « Je te salue, comblée de grâce, le Seigneur est avec toi. » Troublée par cette parole, Marie se demandait ce que pouvait signifier une telle salutation. L'ange lui dit : « Ne crains point, Marie ; car tu as trouvé grâce devant Dieu. Et voici, tu concevras en ton sein, et tu enfanteras un fils, et tu lui donneras le nom de Jésus. Il sera grand et sera appelé Fils du Très-Haut, et le Seigneur Dieu lui donnera le trône de David, son père. Il régnera sur la maison de Jacob éternellement, et son règne n'aura point de fin. » Marie dit à l'ange : « Comment cela se fera-t-il, puisque je ne connais point d'homme ? » L'ange lui répondit : « Le Saint-Esprit viendra sur toi, et la puissance du Très-Haut te couvrira de son ombre. C'est pourquoi le saint enfant qui naîtra de toi sera appelé Fils de Dieu. Voici, Élisabeth, ta parente, a conçu, elle aussi, un fils en sa vieillesse, et celle qui était appelée stérile est dans son sixième mois. Car rien n'est impossible à

Dieu. » Marie dit alors : « Je suis la servante du Seigneur ; qu'il me soit fait selon ta parole ! »
Et l'ange la quitta.

L'annonce à Joseph : Évangile de Matthieu (1, 18-21)
Voici de quelle manière arriva la naissance de Jésus-Christ. Marie, sa mère, ayant été fiancée à Joseph, se trouva enceinte, par la vertu du Saint-Esprit, avant qu'ils eussent habité ensemble.
Joseph, son époux, qui était un homme de bien et qui ne voulait pas la diffamer, se proposa de rompre secrètement avec elle. Comme il y pensait, voici, un ange du Seigneur lui apparut en songe, et dit : « Joseph, fils de David, ne crains pas de prendre avec toi Marie pour ta femme, car l'enfant qu'elle a conçu vient du Saint-Esprit ; elle enfantera un fils, et tu lui donneras le nom de Jésus[1] *; car c'est lui qui sauvera son peuple de ses péchés. »*

Le combat du démon contre Jésus

Jésus se présente comme celui qui va délivrer les hommes de l'esclavage du démon dans lequel ils naissent tous depuis le péché originel. Dans le Nouveau Testament, Satan pressent donc chez lui l'ennemi principal. Il va s'attaquer à lui à plusieurs titres : d'abord parce qu'il est homme, donc proie qui lui appartient, pense-t-il. Ensuite parce qu'il voit en lui un « juste », espèce à laquelle il est particulièrement hostile, comme le montre le Livre de Job. Enfin et surtout parce qu'il va comprendre assez vite que son adversaire est le Messie, qui vient le déposséder de son pouvoir de mort sur les hommes.

La tentation de Jésus : Évangile de Luc (4, 1-13)
Ce texte présente un Satan intrigué qui devine en Jésus une nature divine et une mission rédemptrice, mais voudrait s'en assurer. S'il est bien le Messie, Jésus doit logiquement se manifester comme un Roi universel et tout-puissant. Or il vient affronter son adversaire avec des armes inattendues – non la toute-puissance d'un fils de Dieu, mais la prière, le jeûne, la faiblesse d'un fils d'homme – et le diable essaie de le détourner de sa mission par des armes habituellement très efficaces : l'attrait du pouvoir et d'une vie facile.
Jésus, rempli du Saint-Esprit, revint du Jourdain, et il fut conduit par l'Esprit dans le désert, où il fut tenté par le diable pendant quarante jours. Il ne mangea rien durant ces jours-là, et, après qu'ils furent écoulés, il eut faim. Le diable lui dit : « Si tu es Fils

1. En hébreu, Jésus signifie « Yahvé sauve ».

de Dieu, ordonne à cette pierre qu'elle devienne du pain. » Jésus lui répondit : « Il est écrit : L'homme ne vivra pas seulement de pain. » Le diable, l'ayant mené sur une hauteur, lui montra en un instant tous les royaumes de la terre, et lui dit : « Je te donnerai toute cette puissance, et la gloire de ces royaumes ; car elle m'a été donnée, et je la donne à qui je veux. Si donc tu te prosternes devant moi, elle sera toute à toi. » Jésus lui répondit : « Il est écrit : Tu adoreras le Seigneur, ton Dieu, et tu le serviras lui seul. » Le diable le conduisit encore à Jérusalem, le plaça sur le haut du temple, et lui dit : « Si tu es Fils de Dieu, jette-toi d'ici en bas ; car il est écrit : Il donnera des ordres à ses anges à ton sujet, afin qu'ils te gardent ; et : Ils te porteront sur leurs mains, de peur que ton pied ne heurte contre une pierre. » Jésus lui répondit : « Il est dit : Tu ne tenteras point le Seigneur, ton Dieu. » Après l'avoir tenté de toutes ces manières, le diable s'éloigna de lui jusqu'à un moment favorable.

Évangile de Jean (14, 30)
Jésus dit à ses disciples : « Sur moi, le Prince de ce monde n'a aucun pouvoir. »

LES COMBATS AUTOUR DES HUMAINS : POSSESSIONS ET GUÉRISONS

Le démon origine du mal dans le monde : la parabole de l'ivraie

Le mystère du mal garde dans les Écritures sa radicalité. Jésus offre cependant des éléments d'explication. Dans cette parabole, il présente une vision globale de l'histoire des hommes, et rappelle que Dieu n'a créé que des êtres bons (« N'as-tu pas semé une bonne semence dans ton champ ? »). Au questionnement humain face au mal (« D'où vient qu'il y ait de l'ivraie ? »), il répond que le premier responsable des maux humains est le démon : c'est pourquoi il vient le combattre.

Évangile de Matthieu (13, 24-30.36-43)
Jésus leur proposa une autre parabole, et il dit : Le royaume des cieux est semblable à un homme qui a semé une bonne semence dans son champ. Mais, pendant que les gens dormaient, son ennemi vint, sema de l'ivraie parmi le blé, et s'en alla. Lorsque l'herbe eut poussé et donné du fruit, l'ivraie parut aussi. Les serviteurs du maître de la maison vinrent lui dire : « Seigneur, n'as-tu pas semé une bonne semence dans ton champ ? D'où vient donc qu'il y a de l'ivraie ? » Il leur répondit : « C'est un ennemi qui a fait cela. » Et les serviteurs lui dirent : « Veux-tu que nous allions l'arracher ? » « Non, dit-il, de peur qu'en arrachant l'ivraie, vous ne déraciniez en même temps le blé. Laissez croître ensemble l'un et l'autre jusqu'à la moisson, et, à l'époque de la moisson, je dirai

aux moissonneurs : Arrachez d'abord l'ivraie, et liez-la en gerbes pour la brûler, mais amassez le blé dans mon grenier. »
Ses disciples s'approchèrent de lui, et dirent : « Explique-nous la parabole de l'ivraie du champ. » Il répondit : « Celui qui sème la bonne semence, c'est le Fils de l'homme ; le champ, c'est le monde ; la bonne semence, ce sont les fils du royaume ; l'ivraie, ce sont les fils du malin ; l'ennemi qui l'a semée, c'est le diable ; la moisson, c'est la fin du monde ; les moissonneurs, ce sont les anges. Or, comme on arrache l'ivraie et qu'on la jette au feu, il en sera de même à la fin du monde. Le Fils de l'homme enverra ses anges, qui arracheront de son royaume tous les scandales et ceux qui commettent l'iniquité : et ils les jetteront dans la fournaise ardente, où il y aura des pleurs et des grincements de dents. Alors les justes resplendiront comme le soleil dans le royaume de leur Père. Que celui qui a des oreilles pour entendre entende. »

Jésus impose silence aux démons
En montrant Jésus capable d'imposer silence aux démons, les évangélistes veulent insister sur sa puissance. Ils laissent aussi entendre que Jésus veut amener les hommes à reconnaître sa divinité par un acte de foi né d'un cheminement intérieur, et non par l'éblouissement d'une révélation qui s'imposerait à eux : c'est pourquoi il interdit aux démons de proclamer son identité.

Évangile de Luc (4, 41)
Des démons aussi sortirent de beaucoup de personnes, en criant et en disant : « Tu es le Fils de Dieu. » Mais il les menaçait et ne leur permettait pas de parler, parce qu'ils savaient qu'il était le Christ.

Jésus chasse les démons et guérit les hommes
Les Évangiles montrent Jésus faisant de l'expulsion des démons une de ses œuvres principales. Il faut remarquer que dans les textes, maladies, troubles psychiques et péchés sont présentés comme les conséquences de la possession diabolique. C'est d'un même mouvement que Jésus délivre les hommes des démons et les guérit.

Le péché d'incrédulité livre les hommes au démon : Évangile de Luc (11, 24-26)
Jésus disait aux pharisiens :
Lorsque l'esprit impur est sorti d'un homme, il va par des lieux arides, cherchant du repos, et il n'en trouve point. Alors il dit : Je retournerai dans ma maison d'où je suis sorti ; et, quand il arrive, il la trouve vide, balayée et ornée. Il s'en va, et il prend avec lui sept

autres esprits plus méchants que lui ; ils entrent dans la maison, s'y établissent, et la dernière condition de cet homme est pire que la première. Il en sera de même pour cette génération méchante.

Par qui Jésus chasse-t-il les démons ? Évangile de Matthieu (12, 22-32)
Alors on amena à Jésus un démoniaque aveugle et muet, et il le guérit, de sorte que le muet parlait et voyait. Toute la foule étonnée disait : « N'est-ce point là le Fils de David ? » Les pharisiens, ayant entendu cela, dirent : « Cet homme ne chasse les démons que par Béelzébul, le prince des démons. » Comme Jésus connaissait leurs pensées, il leur dit : « Tout royaume divisé contre lui-même est dévasté, et toute ville ou maison divisée contre elle-même ne peut subsister. Si Satan chasse Satan, il est divisé contre lui-même ; comment donc son royaume subsistera-t-il ? Et si moi, je chasse les démons par Béelzébul, vos fils, par qui les chassent-ils ? C'est pourquoi ils seront eux-mêmes vos juges. Mais, si c'est par l'Esprit de Dieu que je chasse les démons, le royaume de Dieu est donc venu vers vous. Ou, comment quelqu'un peut-il entrer dans la maison d'un homme fort et piller ses biens, sans avoir auparavant lié cet homme fort ? Alors seulement il pillera sa maison. Celui qui n'est pas avec moi est contre moi, et celui qui n'assemble pas avec moi disperse. C'est pourquoi je vous dis : tout péché et tout blasphème sera pardonné aux hommes, mais le blasphème contre l'Esprit ne sera point pardonné. Quiconque parlera contre le Fils de l'homme, il lui sera pardonné ; mais quiconque parlera contre le Saint-Esprit, il ne lui sera pardonné ni dans ce siècle ni dans le siècle à venir. »

L'homme au démon impur : Évangile de Luc (4, 33-36)
Il se trouva dans la synagogue un homme qui avait un esprit de démon impur, et qui s'écria d'une voix forte : « Ah ! Qu'y a-t-il entre nous et toi, Jésus de Nazareth ? Tu es venu pour nous perdre. Je sais qui tu es : le Saint de Dieu. » Jésus le menaça, disant : « Tais-toi, et sors de cet homme. » Et le démon le jeta au milieu de l'assemblée, et sortit de lui, sans lui faire aucun mal. Tous furent saisis de stupeur, et ils se disaient les uns aux autres : « Quelle est cette parole ? Il commande avec autorité et puissance aux esprits impurs, et ils sortent ! »

Marie de Magdala délivrée par Jésus : Évangile de Luc (8, 1-3)
Ensuite, Jésus allait de ville en ville et de village en village, prêchant et annonçant la bonne nouvelle du royaume de Dieu. Les douze étaient avec lui et quelques femmes qui avaient été guéries

d'esprits malins et de maladies : Marie, dite de Magdala, de laquelle étaient sortis sept démons, Jeanne, femme de Chuza, intendant d'Hérode, Susanne, et plusieurs autres, qui l'assistaient de leurs biens.

Un possédé guéri : Évangile de Luc (8, 26-39)

Ils abordèrent dans le pays des Géraséniens, qui est vis-à-vis de la Galilée. Lorsque Jésus fut descendu à terre, il vint au-devant de lui un homme de la ville, qui était possédé de plusieurs démons. Depuis longtemps il ne portait point de vêtement, et avait sa demeure non dans une maison, mais dans les sépulcres. Ayant vu Jésus, il poussa un cri, se jeta à ses pieds, et dit d'une voix forte : « Qu'y a-t-il entre moi et toi, Jésus, Fils du Dieu Très-Haut ? Je t'en supplie, ne me tourmente pas. » Car Jésus commandait à l'esprit impur de sortir de cet homme, dont il s'était emparé depuis longtemps ; on le gardait lié de chaînes et les fers aux pieds, mais il rompait les liens, et il était entraîné par le démon dans les déserts. Jésus lui demanda : « Quel est ton nom ? » « Légion », répondit-il, car plusieurs démons étaient entrés en lui. Et ils priaient instamment Jésus de ne pas leur ordonner d'aller dans l'abîme. Il y avait là, dans la montagne, un grand troupeau de pourceaux qui paissaient. Et les démons supplièrent Jésus de leur permettre d'entrer dans ces pourceaux. Il le leur permit. Les démons sortirent de cet homme, entrèrent dans les pourceaux, et le troupeau se précipita des pentes escarpées dans le lac, et se noya. Ceux qui les faisaient paître, voyant ce qui était arrivé, s'enfuirent, et répandirent la nouvelle dans la ville et dans les campagnes. Les gens allèrent voir ce qui était arrivé. Ils vinrent auprès de Jésus, et ils trouvèrent l'homme de qui étaient sortis les démons, assis à ses pieds, vêtu, et dans son bon sens ; et ils furent saisis de frayeur. Ceux qui avaient vu ce qui s'était passé leur racontèrent comment le démoniaque avait été guéri. Tous les habitants du pays des Géraséniens prièrent Jésus de s'éloigner d'eux, car ils étaient saisis d'une grande crainte. Jésus monta dans la barque, et s'en retourna. L'homme de qui étaient sortis les démons lui demandait la permission de rester avec lui. Mais Jésus le renvoya, en disant : « Retourne dans ta maison, et raconte tout ce que Dieu a fait pour toi. » Il s'en alla, et publia par toute la ville tout ce que Jésus avait fait pour lui.

Des démons expulsés par la foi, la prière et le jeûne : Évangile de Matthieu (17, 14-21)

Lorsqu'ils furent arrivés près de la foule, un homme vint se jeter à genoux devant Jésus, et dit : « Seigneur, aie pitié de mon fils, qui est lunatique, et qui souffre cruellement ; il tombe souvent dans le

feu, et souvent dans l'eau. Je l'ai amené à tes disciples, et ils n'ont pas pu le guérir. » « Race incrédule et perverse, répondit Jésus, jusques à quand serai-je avec vous ? Jusques à quand vous supporterai-je ? Amenez-le-moi ici. » Jésus parla sévèrement au démon, qui sortit de lui, et l'enfant fut guéri à l'heure même.
Alors les disciples s'approchèrent de Jésus, et lui dirent en particulier : « Pourquoi n'avons-nous pu chasser ce démon ? » « C'est à cause de votre incrédulité, leur dit Jésus. Je vous le dis en vérité, si vous aviez de la foi comme un grain de sénevé, vous diriez à cette montagne : Transporte-toi d'ici à là, et elle se transporterait ; rien ne vous serait impossible. Mais cette sorte de démon ne sort que par la prière et par le jeûne. »

Jésus donne pouvoir à ses apôtres sur les démons
Évangile de Luc (9, 1)
Jésus, ayant assemblé les douze apôtres, leur donna force et pouvoir sur tous les démons, avec la puissance de guérir les maladies.

Évangile de Luc (10, 17-20)
Après un autre envoi en mission :
Les soixante-dix revinrent avec joie, disant : « Seigneur, les démons mêmes nous sont soumis en ton nom. » Jésus leur dit : « Je voyais Satan tomber du ciel comme un éclair. Voici, je vous ai donné le pouvoir de marcher sur les serpents et les scorpions, et sur toute la puissance de l'ennemi ; et rien ne pourra vous nuire. Cependant, ne vous réjouissez pas de ce que les esprits vous sont soumis ; mais réjouissez-vous de ce que vos noms sont écrits dans les cieux. »

Les anges se réjouissent du retour des pécheurs
Évangile de Luc (15, 10)
« Je vous le dis, il y a de la joie devant les anges de Dieu pour un seul pécheur qui se repent », dit Jésus.

La Passion : le grand combat contre le démon

Si les anges n'interviennent pas pour défendre Jésus dans sa Passion, lui-même en donne l'explication : il doit passer par la souffrance et la mort pour accomplir la mission que lui a confiée son Père, cet acte ultime d'obéissance va lui permettre de racheter les hommes. Il est donc nécessaire que les anges ne s'opposent pas à ses ennemis.

Évangile de Jean (12, 27-33)
Jésus dit aux disciples : « Maintenant mon âme est troublée. Et que dirais-je ?… Père, délivre-moi de cette heure ?… Mais c'est pour cela

que je suis venu jusqu'à cette heure. Père, glorifie ton nom ! » Et une voix vint du ciel : « Je l'ai glorifié, et je le glorifierai encore. » La foule qui était là, et qui avait entendu, disait que c'était un tonnerre. D'autres disaient : « Un ange lui a parlé. » Jésus dit : « Ce n'est pas à cause de moi que cette voix s'est fait entendre ; c'est à cause de vous. Maintenant a lieu le jugement de ce monde ; maintenant le prince de ce monde sera jeté dehors. Et moi, quand j'aurai été élevé de la terre, j'attirerai tous les hommes à moi. » En parlant ainsi, il indiquait de quelle mort il devait mourir.

Évangile de Luc (22, 2-4)
Les chefs des prêtres et les scribes cherchaient les moyens de faire mourir Jésus ; car ils craignaient le peuple. Or, Satan entra dans Judas, surnommé Iscariot, qui était du nombre des douze. Et Judas alla s'entendre avec les principaux sacrificateurs et les chefs des gardes, sur la manière de le leur livrer.

Évangile de Luc (22, 31-32)
Le Seigneur dit : « Simon, Simon, Satan vous a réclamés, pour vous cribler comme le froment. Mais j'ai prié pour toi, afin que ta foi ne défaille point ; et toi, quand tu seras converti, affermis tes frères. »

À l'agonie : Évangile de Luc (22, 39-44)
C'est la seule intervention angélique mentionnée par les Évangiles de la Passion.
Après être sorti, Jésus alla, selon sa coutume, à la montagne des Oliviers. Ses disciples le suivirent. Lorsqu'il fut arrivé dans ce lieu, il leur dit : « Priez, afin que vous ne tombiez pas en tentation. » Puis il s'éloigna d'eux à la distance d'environ un jet de pierre, et, s'étant mis à genoux, il pria, disant : « Père, si tu voulais éloigner de moi cette coupe ! Toutefois, que ma volonté ne se fasse pas, mais la tienne. » Alors un ange lui apparut du ciel, pour le fortifier. Étant entré en agonie, il priait plus instamment, et sa sueur devint comme des caillots de sang, qui tombaient à terre.

L'arrestation : Évangile de Matthieu (26, 51-54)
Au moment de son arrestation, Jésus est entouré de ses disciples. L'un d'eux essaie de le défendre. Jésus exprime alors clairement qu'il a fait le choix de ne pas se faire délivrer par les anges : c'est seul, et dans sa faiblesse humaine, qu'il va affronter l'Ennemi.
Et voici, un de ceux qui étaient avec Jésus étendit la main, et tira son épée ; il frappa le serviteur du souverain sacrificateur, et lui emporta l'oreille. Alors Jésus lui dit : « Remets ton épée à sa place ;

car tous ceux qui prendront l'épée périront par l'épée. Penses-tu que je ne puisse pas invoquer mon Père, qui me donnerait à l'instant plus de douze légions d'anges ? Comment donc s'accompliraient les Écritures, d'après lesquelles il doit en être ainsi ? »

Les anges à la résurrection

À la résurrection : Évangile de Matthieu (28, 1-7)
Après le sabbat, à l'aube du premier jour de la semaine, Marie de Magdala et l'autre Marie allèrent voir le sépulcre. Et voici qu'il y eut un grand tremblement de terre ; car un ange du Seigneur descendit du ciel, vint rouler la pierre, et s'assit dessus. Son aspect était comme l'éclair, et son vêtement blanc comme la neige. Les gardes tremblèrent de peur, et devinrent comme morts. Mais l'ange prit la parole, et dit aux femmes : « Pour vous, ne craignez pas ; car je sais que vous cherchez Jésus qui a été crucifié. Il n'est point ici ; il est ressuscité, comme il l'avait dit. Venez, voyez le lieu où il reposait, et allez promptement dire à ses disciples qu'il est ressuscité des morts. Et voici qu'il vous précède en Galilée : c'est là que vous le verrez. Voici, je vous l'ai dit. »

À l'Ascension : Actes des Apôtres (1, 9-11)
Après avoir dit cela, Jésus fut élevé pendant qu'ils le regardaient, et une nuée le déroba à leurs yeux. Et comme ils avaient les regards fixés vers le ciel pendant qu'il s'en allait, voici, deux hommes vêtus de blanc leur apparurent, et dirent : « Hommes de Galilée, pourquoi vous arrêtez-vous à regarder au ciel ? Ce Jésus, qui a été enlevé au ciel du milieu de vous, viendra de la même manière que vous l'avez vu allant au ciel. »

La victoire de Jésus, élevé au-dessus des anges

Évangile de Jean (1, 51)
Jésus dit à Nathanaël : « En vérité, en vérité, vous verrez désormais le ciel ouvert et les anges de Dieu monter et descendre au-dessus du Fils de l'homme. »

Épître de Paul aux Hébreux (1, 1-13)
Les citations faites par Paul sont tirées des psaumes.
Après avoir autrefois, à plusieurs reprises et de plusieurs manières, parlé à nos pères par les prophètes, Dieu, dans ces derniers temps, nous a parlé par le Fils : il l'a établi héritier de toutes choses, par lui il a aussi créé le monde ; ce Fils, qui est le reflet de sa gloire et l'empreinte de sa substance, et qui soutient toutes choses par sa parole puissante, a accompli la purification des péchés et s'est

assis à la droite de la majesté divine dans les lieux très hauts, et il est devenu d'autant supérieur aux anges qu'il a hérité d'un Nom plus excellent que le leur. Car auquel des anges Dieu a-t-il jamais dit : Tu es mon Fils, Je t'ai engendré aujourd'hui ? *Et encore* : Je serai pour lui un père, et il sera pour moi un fils ? *Et lorsqu'il introduit de nouveau dans le monde le Premier-né, il dit :* Que tous les anges de Dieu l'adorent ! *De plus, il dit des anges :* Il fait de ses anges des vents, et de ses serviteurs une flamme de feu. *Mais il a dit à son Fils :* Ton trône, ô Dieu, est éternel ; le sceptre de ton règne est un sceptre d'équité. Tu as aimé la justice, et tu as haï l'iniquité. C'est pourquoi, ô Dieu, ton Dieu t'a oint d'une huile de joie au-dessus de tes compagnons. *Et encore :* Toi, Seigneur, tu as au commencement fondé la terre, et les cieux sont l'ouvrage de tes mains. Eux périront, mais tu subsistes. Ils vieilliront tous comme un vêtement, Tu les rouleras comme un manteau et ils seront changés. Mais toi, tu restes le même, et tes années ne finiront point. *Et auquel des anges a-t-il jamais dit :* Assieds-toi à ma droite, jusqu'à ce que je fasse de tes ennemis ton marchepied ?

Épître de Paul aux Hébreux (2, 5-9)
Paul cite le psaume 8 en lui donnant une valeur prophétique : « l'homme » est ici Jésus.
En effet, ce n'est pas à des anges que Dieu a soumis le monde à venir dont nous parlons. Or quelqu'un a rendu quelque part ce témoignage : Qu'est-ce que l'homme, pour que tu te souviennes de lui, ou le fils de l'homme, pour que tu prennes soin de lui ? Tu l'as abaissé pour un peu de temps au-dessous des anges, Tu l'as couronné de gloire et d'honneur, Tu as mis toutes choses sous ses pieds. *En effet, en lui soumettant toutes choses, Dieu n'a rien laissé qui ne lui fût soumis. Cependant, nous ne voyons pas encore maintenant que toutes choses lui soient soumises. Mais Celui qui a été abaissé pour un peu de temps au-dessous des anges, Jésus, nous le voyons couronné de gloire et d'honneur à cause de la mort qu'il a soufferte, afin que, par la grâce de Dieu, il souffrît la mort pour tous.*

Apocalypse (5, 6)
L'Agneau est une des métaphores johanniques pour désigner le Christ immolé.
Et je vis, au milieu du trône et des quatre êtres vivants et au milieu des vieillards, un Agneau qui était là comme immolé. Il avait sept cornes et sept yeux, qui sont les Sept Esprits de Dieu envoyés par toute la terre.

Apocalypse (1, 20 ; 3, 1)
Les sept étoiles sont les anges des sept Églises, et les sept chandeliers sont les sept Églises.
Et Celui qui parle possède les sept Esprits de Dieu et les sept étoiles.

Le combat eschatologique entre Michel et Lucifer, entre les deux postérités

Le combat commencé entre Jésus et le démon se poursuit à travers l'histoire, à travers les disciples de chaque camp, jusqu'au grand combat de la fin des temps décrit dans l'Apocalypse.

Le démon détourne les hommes de Jésus et s'attaque à ses disciples
1re épître de Jean (3, 8-10)
Celui qui pèche est du diable, car le diable pèche dès le commencement. Le Fils de Dieu a paru afin de détruire les œuvres du diable. Quiconque est né de Dieu ne pratique pas le péché, parce que la semence de Dieu demeure en lui ; et il ne peut pécher, parce qu'il est né de Dieu. C'est par là que se font reconnaître les enfants de Dieu et les enfants du diable. Quiconque ne pratique pas la justice n'est pas de Dieu, non plus que celui qui n'aime pas son frère.

2e épître de Paul aux Corinthiens (4, 4)
L'expression « dieu de ce siècle » est employée ici par Paul dans un sens figuré : elle reprend la formule « prince de ce monde » employée par Jésus dans l'Évangile de Jean.
Quant aux incrédules, le dieu de ce siècle a aveuglé leur intelligence, afin qu'ils ne voient pas briller la splendeur de l'Évangile de la gloire du Christ, qui est l'image de Dieu.

Épître de Paul aux Romains (16, 10-11)
Ces hommes sont de faux apôtres, des ouvriers trompeurs, déguisés en apôtres du Christ. Ce n'est pas étonnant, puisque Satan lui-même se déguise en ange de lumière, il n'est donc pas étrange que ses ministres aussi se déguisent en ministres de justice.

1re épître de Pierre (5, 8)
Soyez sobres et veillez, car votre adversaire le diable comme un lion rugissant circule cherchant qui dévorer.

Épître de Paul aux Éphésiens (6, 11-12)
Revêtez-vous de toutes les armes de Dieu, afin de pouvoir tenir ferme contre les ruses du diable. Car nous n'avons pas à lutter contre la chair et le sang, mais contre les dominations, contre les

autorités, contre les princes de ce monde de ténèbres, contre les esprits méchants dans les lieux célestes.

Le grand combat : la Femme et Michel contre le Dragon
Livre de Daniel (12, 1)
En ce temps-là se lèvera Michaël, le grand chef, le défenseur des enfants de ton peuple ; et ce sera une époque de détresse, telle qu'il n'y en a point eu de semblable depuis que les nations existent jusqu'à cette époque. En ce temps-là, ceux de ton peuple qui seront trouvés inscrits dans le livre seront sauvés.

Apocalypse (12, 1-17)
Reprenant la perspective de la Genèse, Jean dépeint dans une vision grandiose la Femme, à qui a été promise la postérité qui vaincrait le démon. Le « fils » qu'elle enfante est à la fois « l'enfant mâle », le Christ, mais aussi « le reste de sa postérité », c'est-à-dire ses disciples. C'est pourquoi la Femme ici n'est plus Ève, mais Marie. L'Église catholique lui donne le titre de Vierge Immaculée, c'est-à-dire sans péché, qui écrase la tête du serpent. Elle est d'ailleurs souvent représentée ainsi. Ne pouvant rien contre elle ni contre son fils, le dragon essaie de s'en prendre à ses disciples.
Dans ce combat qui met en jeu toutes les forces du ciel, de la terre et des enfers, Michel apparaît comme le chef des armées célestes, au service de la Femme et de sa descendance.
Un grand signe parut dans le ciel : une femme enveloppée du soleil, la lune sous ses pieds, et une couronne de douze étoiles sur sa tête. Elle était enceinte, et elle criait, étant en travail et dans les douleurs de l'enfantement. Un autre signe parut encore dans le ciel ; et voici, c'était un grand dragon rouge, ayant sept têtes et dix cornes, et sur ses têtes sept diadèmes.
Sa queue entraînait le tiers des étoiles du ciel, et les jetait sur la terre. Le dragon se tint devant la femme qui allait enfanter, afin de dévorer son enfant, lorsqu'elle aurait enfanté.
Elle enfanta un fils, qui doit paître toutes les nations avec une verge de fer. Et son enfant fut enlevé vers Dieu et vers son trône.
Et la femme s'enfuit dans le désert, où elle avait un lieu préparé par Dieu, afin qu'elle y fût nourrie pendant mille deux cent soixante jours.
Et il y eut guerre dans le ciel. Michel et ses anges combattirent contre le dragon. Et le dragon et ses anges combattirent, mais ils ne furent pas les plus forts, et leur place ne fut plus trouvée dans le ciel. Et il fut précipité, le grand dragon, le serpent ancien, appelé le diable et Satan, celui qui séduit toute la terre, il fut pré-

cipité sur la terre, et ses anges furent précipités avec lui. Et j'entendis dans le ciel une voix forte qui disait : « Maintenant le salut est arrivé, et la puissance, et le règne de notre Dieu, et l'autorité de son Christ ; car il a été précipité, l'accusateur de nos frères, celui qui les accusait devant notre Dieu jour et nuit. Ils l'ont vaincu à cause du sang de l'Agneau et à cause de la parole de leur témoignage, et ils ont méprisé leur vie jusqu'à mourir. C'est pourquoi réjouissez-vous, cieux, et vous qui habitez dans les cieux. Malheur à la terre et à la mer ! Car le diable est descendu vers vous, animé d'une grande colère, sachant qu'il a peu de temps. »

Quand le dragon vit qu'il avait été précipité sur la terre, il poursuivit la femme qui avait enfanté l'enfant mâle.

Et les deux ailes du grand aigle furent données à la femme, afin qu'elle s'envolât au désert, vers son lieu, où elle est nourrie un temps, des temps, et la moitié d'un temps, loin de la face du serpent.

Et, de sa bouche, le serpent lança de l'eau comme un fleuve derrière la femme, afin de l'entraîner par le fleuve.

Et la terre secourut la femme, et la terre ouvrit sa bouche et engloutit le fleuve que le dragon avait lancé de sa bouche.

Et le dragon fut irrité contre la femme, et il s'en alla faire la guerre au reste de sa postérité, à ceux qui gardent les commandements de Dieu et qui possèdent le témoignage de Jésus.

Apocalypse (13, 2-8)

La bête que je vis était semblable à un léopard ; ses pieds étaient comme ceux d'un ours, et sa gueule comme une gueule de lion. Le dragon lui donna sa puissance, et son trône, et une grande autorité. Et je vis l'une de ses têtes comme blessée à mort ; mais sa blessure mortelle fut guérie. Et toute la terre était dans l'admiration derrière la bête. Et ils adorèrent le dragon, parce qu'il avait donné l'autorité à la bête ; ils adorèrent la bête, en disant : « Qui est semblable à la bête, et qui peut combattre contre elle ? »

Et il lui fut donné une bouche qui proférait des paroles arrogantes et des blasphèmes ; et il lui fut donné le pouvoir d'agir pendant quarante-deux mois.

Et elle ouvrit sa bouche pour proférer des blasphèmes contre Dieu, pour blasphémer son nom, et son tabernacle, et ceux qui habitent dans le ciel.

Et il lui fut donné de faire la guerre aux saints, et de les vaincre. Et il lui fut donné autorité sur toute tribu, tout peuple, toute langue, et toute nation.

Et tous les habitants de la terre l'adoreront, ceux dont le nom n'a pas été écrit dès la fondation du monde dans le livre de vie de l'agneau qui a été immolé.

Apocalypse (13, 11-18)
Puis je vis monter de la terre une autre bête, qui avait deux cornes semblables à celles d'un agneau, et qui parlait comme un dragon. Elle exerçait toute l'autorité de la première bête en sa présence, et elle faisait que la terre et ses habitants adoraient la première bête, dont la blessure mortelle avait été guérie. Elle opérait de grands prodiges, même jusqu'à faire descendre du feu du ciel sur la terre, à la vue des hommes. Et elle séduisait les habitants de la terre par les prodiges qu'il lui était donné d'opérer en présence de la bête, disant aux habitants de la terre de faire une image à la bête qui avait la blessure de l'épée et qui vivait. Et il lui fut donné d'animer l'image de la bête, afin que l'image de la bête parlât, et qu'elle fît que tous ceux qui n'adoreraient pas l'image de la bête fussent tués. Et elle fit que tous, petits et grands, riches et pauvres, libres et esclaves, reçussent une marque sur leur main droite ou sur leur front, et que personne ne pût acheter ni vendre, sans avoir la marque, le nom de la bête ou le nombre de son nom. C'est ici la sagesse. Que celui qui a de l'intelligence calcule le nombre de la bête. Car c'est un nombre d'homme, et son nombre est six cent soixante-six.

Apocalypse (20, 1-3)
Puis je vis descendre du ciel un ange, qui avait la clef de l'abîme et une grande chaîne dans sa main. Il saisit le dragon, le serpent ancien, qui est le diable et Satan, et il le lia pour mille ans. Il le jeta dans l'abîme, ferma et scella l'entrée au-dessus de lui, afin qu'il ne séduisît plus les nations, jusqu'à ce que les mille ans fussent accomplis. Après cela, il faut qu'il soit délié pour un peu de temps.

L'aide des anges aux serviteurs du Christ

Après le retour de Jésus auprès de son Père, à l'Ascension, et la venue de l'Esprit-Saint à la Pentecôte, les apôtres commencent à prêcher et à faire des miracles. Le livre des Actes des Apôtres raconte leurs premières prédications, et la naissance des premières communautés chrétiennes. Mais le succès de cette nouvelle doctrine n'est pas du goût de tout le monde. Les tentatives de répression et les persécutions de la part des autorités religieuses ne se font pas attendre. Aux côtés des premiers chrétiens, les anges sont très présents.

Les apôtres délivrés par des anges : Actes des Apôtres (5, 16-21)
La multitude accourait aussi des villes voisines à Jérusalem, amenant des malades et des gens tourmentés par des esprits impurs ; et tous étaient guéris. Cependant le souverain sacrificateur et tous ceux qui étaient avec lui, c'est-à-dire le parti des sadducéens, se levèrent, remplis de jalousie, mirent les mains sur les apôtres, et les jetèrent dans la prison publique.
Mais un ange du Seigneur, ayant ouvert pendant la nuit les portes de la prison, les fit sortir, et leur dit : « Allez, tenez-vous dans le temple, et annoncez au peuple toutes les paroles sur cette Vie (éternelle). » Ayant entendu cela, ils entrèrent dès le matin dans le temple, et se mirent à enseigner.

Pierre délivré par un ange : Actes des Apôtres (12, 1-16)
Pierre, le chef des apôtres, est l'objet d'une arrestation particulière. Encore une fois, c'est un ange qui intervient pour le délivrer. On notera en fin de récit une simple phrase qui en dit long sur la familiarité qu'entretenaient les premiers chrétiens avec le monde angélique : lorsque Pierre, à peine sorti de prison, frappe à la porte d'une maison amie, certains s'exclament : « Ce doit être son ange ! »
Vers le même temps, le roi Hérode se mit à maltraiter quelques membres de l'Église, et il fit mourir par l'épée Jacques, frère de Jean. Voyant que cela était agréable aux Juifs, il fit encore arrêter Pierre. – C'était pendant les jours des pains Azymes. – Après l'avoir saisi et jeté en prison, il le mit sous la garde de quatre escouades de quatre soldats chacune, avec l'intention de le faire comparaître devant le peuple après la Pâque.
Pierre donc était gardé dans la prison ; et l'Église ne cessait d'adresser pour lui des prières à Dieu.
La nuit qui précéda le jour où Hérode allait le faire comparaître, Pierre, lié de deux chaînes, dormait entre deux soldats ; et des sentinelles devant la porte gardaient la prison.
Et voici qu'un ange du Seigneur survint, et une lumière brilla dans la prison. L'ange réveilla Pierre, en le frappant au côté, et en disant : « Lève-toi promptement ! » Les chaînes tombèrent de ses mains. Et l'ange lui dit : « Mets ta ceinture et tes sandales. » Et il fit ainsi. L'ange lui dit encore : « Enveloppe-toi de ton manteau, et suis-moi. » Pierre sortit, et le suivit, ne sachant pas que ce qui se faisait par l'ange fût réel, et s'imaginant avoir une vision.
Lorsqu'ils eurent passé la première garde, puis la seconde, ils arrivèrent à la porte de fer qui mène à la ville, et qui s'ouvrit d'elle-même devant eux ; ils sortirent, et s'avancèrent dans une rue. Aussitôt l'ange quitta Pierre.

Revenu à lui-même, Pierre dit : « Je vois maintenant d'une manière certaine que le Seigneur a envoyé son ange, et qu'il m'a délivré de la main d'Hérode et de tout ce que le peuple juif attendait. » Après avoir réfléchi, il se dirigea vers la maison de Marie, mère de Jean, surnommé Marc, où beaucoup de personnes étaient réunies et priaient.
Il frappa à la porte du vestibule, et une servante, nommée Rhode, s'approcha pour écouter.
Elle reconnut la voix de Pierre ; et, dans sa joie, au lieu d'ouvrir, elle courut annoncer que Pierre était devant la porte. Ils lui dirent : « Tu es folle ! » Mais elle affirma que la chose était ainsi. Alors ils dirent : « C'est son ange ! » Cependant Pierre continuait à frapper. Ils ouvrirent, et furent étonnés de le voir.

Paul secouru par un ange : Actes des Apôtres (27, 18-25)
Comme nous étions violemment battus par la tempête, le lendemain on jeta la cargaison à la mer, et le troisième jour nous y lançâmes de nos propres mains les agrès du navire. Le soleil et les étoiles ne parurent pas pendant plusieurs jours, et la tempête était si forte que nous perdîmes enfin toute espérance de nous sauver. On n'avait pas mangé depuis longtemps. Alors Paul, se tenant au milieu d'eux, leur dit : « Ô hommes, il fallait m'écouter et ne pas partir de Crète, afin d'éviter ce péril et ce dommage. Maintenant je vous exhorte à prendre courage ; car aucun de vous ne périra, et il n'y aura de perte que celle du navire. Un ange du Dieu à qui j'appartiens et que je sers m'est apparu cette nuit, et m'a dit : Paul, ne crains point ; il faut que tu comparaisses devant César, et voici, Dieu t'a donné tous ceux qui naviguent avec toi. *C'est pourquoi, ô hommes, rassurez-vous, car j'ai cette confiance en Dieu qu'il en sera comme il m'a été dit. »*

Les anges protecteurs des Églises : Apocalypse (1, 12-20)
Je vis sept chandeliers d'or, et, au milieu des sept chandeliers, quelqu'un qui ressemblait à un fils d'homme, vêtu d'une longue robe, et ayant une ceinture d'or sur la poitrine. Sa tête et ses cheveux étaient blancs comme de la laine blanche, comme de la neige ; ses yeux étaient comme une flamme de feu. [...] *Il avait dans sa main droite sept étoiles.* [...] *Son visage était comme le soleil lorsqu'il brille dans sa force. Quand je le vis, je tombai à ses pieds comme mort. Il posa sur moi sa main droite en disant : « Ne crains point ! Je suis le premier et le dernier, et le vivant. J'étais mort ; et voici, je suis vivant aux siècles des siècles. Je tiens les clefs de la mort et du séjour des morts. Écris donc les choses que tu as vues, et celles qui sont, et celles qui doivent*

arriver après elles, le mystère des sept étoiles que tu as vues dans ma main droite, et des sept chandeliers d'or. Les sept étoiles sont les anges des sept Églises, et les sept chandeliers sont les sept Églises. »

LES ANGES EXÉCUTEURS DES BIENFAITS ET CHÂTIMENTS DIVINS

Apocalypse (7, 1-3)

Après cela, je vis quatre anges debout aux quatre coins de la terre ; ils retenaient les quatre vents de la terre, afin qu'il ne soufflât point de vent sur la terre, ni sur la mer, ni sur aucun arbre. Et je vis un autre ange, qui montait du côté du soleil levant, et qui tenait le sceau du Dieu vivant ; il cria d'une voix forte aux quatre anges à qui il avait été donné de faire du mal à la terre et à la mer, et il dit : « Ne faites point de mal à la terre, ni à la mer, ni aux arbres, jusqu'à ce que nous ayons marqué du sceau le front des serviteurs de notre Dieu. »

Apocalypse (8, 6-13)

Et les sept anges qui avaient les sept trompettes se préparèrent à en sonner.

Le premier sonna de la trompette. Et il y eut de la grêle et du feu mêlés de sang, qui furent jetés sur la terre ; et le tiers de la terre fut brûlé, et le tiers des arbres fut brûlé, et toute herbe verte fut brûlée.

Le second ange sonna de la trompette. Et quelque chose comme une grande montagne embrasée par le feu fut jeté dans la mer ; et le tiers de la mer devint du sang, et le tiers des créatures qui étaient dans la mer et qui avaient vie mourut, et le tiers des navires périt.

Le troisième ange sonna de la trompette. Et il tomba du ciel une grande étoile ardente comme un flambeau ; et elle tomba sur le tiers des fleuves et sur les sources des eaux.

Le nom de cette étoile est Absinthe ; et le tiers des eaux fut changé en absinthe, et beaucoup d'hommes moururent par les eaux, parce qu'elles étaient devenues amères.

Le quatrième ange sonna de la trompette. Et le tiers du soleil fut frappé, et le tiers de la lune, et le tiers des étoiles, afin que le tiers en fût obscurci, et que le jour perdît un tiers de sa clarté, et la nuit de même.

Je regardai, et j'entendis un aigle qui volait au milieu du ciel, disant d'une voix forte : « Malheur, malheur, malheur aux habitants de la terre, à cause des autres sons de la trompette des trois anges qui vont sonner ! »

Le Jugement dernier et la victoire finale de Jésus

La résurrection des morts et le Jugement dernier
1re épître de Paul aux Thessaloniciens (4, 16)
Car le Seigneur lui-même, à un signal donné, à la voix d'un archange, et au son de la trompette de Dieu, descendra du ciel, et ceux qui sont morts dans le Christ ressusciteront en premier.

Évangile de Matthieu (13, 47-50)
Le royaume des cieux est encore semblable à un filet jeté dans la mer et ramassant des poissons de toute espèce. Quand il est rempli, les pêcheurs le tirent ; et, après s'être assis sur le rivage, ils mettent dans des vases ce qui est bon, et ils jettent ce qui est mauvais.
Il en sera de même à la fin du monde. Les anges viendront séparer les méchants d'avec les justes, et ils les jetteront dans la fournaise ardente, où il y aura des pleurs et des grincements de dents.

Évangile de Matthieu (24, 29-31 ; 25, 31-33)
Jésus dit à ses disciples :
Aussitôt après ces jours de détresse, le soleil s'obscurcira, la lune ne donnera plus sa lumière, les étoiles tomberont du ciel, et les puissances des cieux seront ébranlées. Alors le signe du Fils de l'homme paraîtra dans le ciel, toutes les tribus de la terre se lamenteront, et elles verront le Fils de l'homme venant sur les nuées du ciel avec puissance et une grande gloire.
Il enverra ses anges avec la trompette retentissante, et ils rassembleront ses élus des quatre vents, depuis une extrémité des cieux jusqu'à l'autre.

Lorsque le Fils de l'homme viendra dans sa gloire, avec tous les anges, il s'assiéra sur le trône de sa gloire. Toutes les nations seront assemblées devant lui. Il séparera les uns d'avec les autres, comme le berger sépare les brebis d'avec les boucs ; et il mettra les brebis à sa droite, et les boucs à sa gauche.

Évangile de Matthieu (25, 31-46)
Lorsque le Fils de l'homme viendra dans sa gloire, avec tous les anges, il s'assiéra sur le trône de sa gloire. Toutes les nations seront assemblées devant lui. Il séparera les uns d'avec les autres, comme le berger sépare les brebis d'avec les boucs ; et il mettra les brebis à sa droite, et les boucs à sa gauche.
Alors le roi dira à ceux qui seront à sa droite : « Venez, vous qui êtes bénis de mon Père ; prenez possession du royaume qui vous a été préparé dès la fondation du monde. [...] »

Ensuite il dira à ceux qui seront à sa gauche : « Retirez-vous de moi, maudits ; allez dans le feu éternel qui a été préparé pour le diable et pour ses anges. [...] »
Et ceux-ci iront au châtiment éternel, mais les justes à la vie éternelle.

La victoire des hommes sur le démon
À cause de leur faiblesse même, qui a rendu leur combat contre le mal plus difficile, c'est aux hommes que Jésus réserve de prononcer la condamnation finale contre les mauvais anges.

Évangile de Luc (22, 28-30)
Vous, vous êtes ceux qui avez persévéré avec moi dans mes épreuves ; c'est pourquoi je dispose du royaume en votre faveur, comme mon Père en a disposé en ma faveur, afin que vous mangiez et buviez à ma table dans mon royaume, et que vous soyez assis sur des trônes, pour juger les douze tribus d'Israël.

Épître de Paul aux Romains (16, 20)
Le Dieu de paix écrasera bientôt Satan sous vos pieds.

1re épître aux Corinthiens (6, 2-3)
Ne savez-vous pas que les saints jugeront le monde ? [...] *Ne savez-vous pas que nous jugerons les anges ?*

Épître de Jude (1, 6)
Quant aux anges qui n'ont pas conservé leur primauté, mais ont quitté leur propre demeure, c'est en vue du jugement du grand jour que Dieu les a gardés dans des liens éternels, au fond des ténèbres.

Apocalypse (20,10)
Et le diable, qui les séduisait, fut jeté dans l'étang de feu et de soufre, où sont la bête et le faux prophète. Et ils seront tourmentés jour et nuit, aux siècles des siècles.

Anges et hommes réunis dans l'adoration de Jésus glorifié
Apocalypse (7, 9-12)
Après cela, je regardai, et voici, il y avait une grande foule, que personne ne pouvait compter, de toute nation, de toute tribu, de tout peuple, et de toute langue. Ils se tenaient devant le trône et devant l'Agneau, revêtus de robes blanches, et des palmes dans leurs mains. Et ils criaient d'une voix forte, en disant : « Le salut est à notre Dieu qui est assis sur le trône, et à l'Agneau. » Et tous les anges se tenaient autour du trône et des

vieillards et des quatre êtres vivants ; et ils se prosternèrent sur leur face devant le trône, et ils adorèrent Dieu, en disant : « Amen ! La louange, la gloire, la sagesse, l'action de grâces, l'honneur, la puissance, et la force, soient à notre Dieu, aux siècles des siècles ! Amen ! »

ANNEXES

Les anges dans la dévotion populaire

Largement répandue en Europe et dans le monde chrétien, la dévotion aux anges découle des textes bibliques. Dans cette perspective, à Dieu seul est rendu un culte d'adoration. Les anges sont l'objet d'une simple vénération : un hommage à des créatures dont la mission est de protéger les hommes et de les conduire à Dieu.

Saint Michel

Le culte de l'archange saint Michel est attesté très tôt dans l'Église. Au IVe siècle, Byzance lui dédie une basilique, suivie par Rome au VIe siècle.

Sa fête liturgique est le 29 septembre.

Attributions

Dans le culte chrétien, l'archange Michel est honoré à plusieurs titres :

• Protecteur de l'Église, comme il était celui du peuple d'Israël dans les Écritures.

• Chef des armées célestes et vainqueur du dragon : c'est souvent dans cette fonction qu'il apparaît dans l'iconographie.

• Celui qui porte l'encens devant le trône de Dieu : il est mentionné à ce titre dans le Canon romain de la messe, et dans un texte (l'offertoire) de la messe de sa fête, le 29 septembre.

• Psychopompe : « passeur d'âmes » au moment de la mort, il est invoqué dans la liturgie des défunts.

• Celui qui pèsera les âmes au jugement : ce sont également les textes liturgiques qui soulignent ce rôle.

Michel a également le titre de patron de la France.

Dès le Ve siècle, quand le chef païen Clovis reçoit le baptême avec ses hommes, il met aussitôt son royaume sous la protection de l'archange, à l'instigation de son épouse Clotilde, ainsi que l'atteste une lettre du pape Anastase : « Daigne le Seigneur accorder à vous et à votre royaume sa divine protection ; qu'il ordonne à saint Michel, qui est votre prince et est établi pour les enfants de votre peuple, de vous garder dans toutes vos voies, et de vous donner la victoire sur tous vos ennemis. »

Le Mont-Saint-Michel va grandement contribuer à enraciner et propager cette dévotion.

En 1418, le futur Charles VII fait de saint Michel le patron de son royaume menacé, peut-être pour se démarquer de l'ennemi anglo-bourguignon, qui invoque le patronage de saint Denis et saint Louis.

Jeanne d'Arc, onze ans plus tard, déclare avoir eu des apparitions de l'archange, qui se présente comme le protecteur du royaume et l'envoie en mission pour délivrer le pays de l'occupation anglaise. La délivrance d'Orléans a d'ailleurs lieu un 8 mai, fête de l'apparition de Michel au mont Gargano.

En témoignage de reconnaissance, le roi Louis XI crée en 1469 l'ordre des chevaliers de Saint-Michel.

Signe que ce culte est toujours vivant : depuis la Seconde Guerre mondiale, les parachutistes ont également fait de saint Michel leur protecteur attitré, et le fêtent le 29 septembre.

Les lieux de pèlerinage et de culte

Le mont Gargano

C'est en Italie, dans la région de Naples, qu'est situé le plus ancien des lieux de pèlerinage à saint Michel.

En 492, sur le mont Gargano, un riche propriétaire, habitant de Siponte, faisait paître ses taureaux. L'un d'eux échappa à la surveillance des bouviers. À force de recherches, on le trouva emmêlé dans des broussailles à l'entrée d'une grotte. Comme il se débattait, on tira une flèche sur lui, mais celle-ci revint sur celui qui l'avait décochée ! Ce prodige alerta Gargano, le propriétaire du taureau, qui mit au courant l'évêque de la région. L'évêque ordonna trois jours de prière et de jeûne pour obtenir la grâce de comprendre le sens de ces faits. Le troisième jour, le 8 mai, l'archange Michel apparut à l'évêque et lui déclara que la caverne où se trouvait le taureau était sous sa protection ; Dieu voulait qu'elle devienne un lieu de culte chrétien, particulièrement dédié à Michel et à tous les anges : « *Je suis l'archange Michel et je me tiens toujours en présence de Dieu. J'ai choisi ce lieu pour être vénéré sur la terre. J'en serai le protecteur à jamais. Là, les péchés des hommes peuvent être pardonnés. Ce qui y sera demandé par la prière sera exaucé. Va donc sur la montagne et consacre cette grotte au culte chrétien.* »

Or cette grotte avait servi à des cultes païens, probablement le culte de Mithra[1], comme le suggère le rôle joué par un taureau : en effet, à cette époque, les cultes chrétiens viennent souvent « baptiser » des cultes païens préexistants.

À dater de ces événements, le mont Gargano devient un lieu très populaire de pèlerinage à l'archange Michel, et la date du 8 mai est retenue comme une de ses fêtes.

Apparition de saint Michel à Rome

En novembre 589, une inondation du Tibre causa d'importants dégâts dans la ville de Rome et entraîna une famine, bientôt suivie par une épidémie de peste : les cadavres en décomposition avaient infecté l'air et l'eau. En cette période de transition du haut Moyen Âge, les responsabilités civiles étaient souvent assumées par les hommes d'Église. Au pape Gélase victime de l'épidémie, succéda Grégoire Ier (appelé « le Grand » après sa mort). Il prit des mesures pour rétablir la salubrité publique. Mais surtout – témoignage d'une époque où la foi imprégnait profondément les mentalités – il prêcha au peuple romain la prière et la pénitence, déclarant que la peste était le châtiment des péchés, et qu'elle cesserait dès que le peuple changerait de vie : « Rappelons donc le souvenir de nos fautes et expions-les par nos larmes. Que personne ne désespère pour l'énormité de ses crimes : les Ninivites effacèrent les leurs par une pénitence de trois jours, et le larron, à l'heure même de la mort. Celui qui nous avertit de l'invoquer montre bien qu'il veut pardonner à ceux qui l'invoquent. » Pendant trois jours eurent lieu des prières publiques et des processions, menées par le pape portant une icône de Marie. Le troisième jour, rapportent les chroniques, Grégoire entendit chanter les chœurs angéliques, et vit l'archange Michel, au sommet du mausolée d'Hadrien, remettre son épée au fourreau. De fait, à partir de ce jour l'épidémie fut stoppée net.

En souvenir de ce miracle, le pape suivant, Boniface III, fit bâtir sur le mausolée d'Hadrien une chapelle dédiée à saint Michel, et le « château Saint-Ange » fut orné quelques siècles plus tard d'une statue de l'archange, remettant son épée au fourreau, selon la vision de Grégoire.

1. Mithra, dieu indo-iranien de la lumière et de la vérité, était représenté avec un taureau qu'il aurait capturé et sacrifié. Son culte s'était répandu dans l'Empire romain sous la forme d'une religion à mystères, réservée aux hommes et célébrée dans des grottes.

Le Mont-Saint-Michel

Situé entre la Normandie et la Bretagne, ce qui deviendra le Mont-Saint-Michel avait reçu des marins le surnom suggestif de « mont tombe au péril de la mer ».

En 708, Aubert, évêque d'Avranches, déclare avoir vu l'archange Michel qui lui demande de faire du mont Tombe un lieu de culte qui lui sera dédié (comme le mont Gargano, ce lieu avait connu des cultes païens : des cérémonies druidiques de la religion celte).

Sceptique, Aubert hésite, et ne se rend qu'à la troisième apparition de l'archange, fort insistante il est vrai : « Je veux, lui dit-il, que tu élèves un sanctuaire sur ce mont sauvage ; j'y établirai ma demeure. Les peuples viendront y implorer mon secours contre leur Ennemi que j'ai vaincu au commencement et qui reste toujours soumis à ma puissance. Lève-toi, va, qu'aucune difficulté n'arrête ton courage, je serai ta force. » L'évêque entreprend alors d'édifier le sanctuaire réclamé. Mais il n'est pas au bout de ses peines : après avoir défriché et aplani le sommet du mont, les ouvriers se heurtent à la mystérieuse résistance d'un rocher de granit que rien ne peut déplacer (peut-être un autel païen ?). Aubert prie saint Michel, et l'archange apparaît à Baïno, un pieux père de famille qui a douze enfants et vit non loin de là. Selon la consigne céleste, Baïno prend ses onze aînés et part prêter main-forte aux ouvriers. Peine perdue, le rocher ne bouge toujours pas.

Pris d'inspiration, Aubert demande alors à Baïno d'aller chercher son douzième fils, encore au berceau : c'est lui qui, de son petit pied, parvient à faire bouger la roche. Les travaux peuvent reprendre et produiront ce qu'on a nommé la « merveille de l'Occident ».

La légende de Baïno a l'intérêt de souligner combien le culte de Michel est lié aux thèmes chrétiens de l'humilité et de la petitesse, figurés par l'enfance, et exprimés par le nom même de l'archange, « Qui est comme Dieu ? ».

Les prières à saint Michel

Elles sont très nombreuses. Celle qui suit est une des plus connues et des plus populaires. Elle a pour auteur le pape Léon XIII :

Saint Michel Archange, défendez-nous dans le combat, soyez notre secours contre la malfaisance et les pièges du démon. Que Dieu lui fasse sentir sa puissance, nous vous en supplions. Et vous, prince de l'armée céleste, repoussez en enfer, par la force divine,

Satan et les autres esprits mauvais qui rôdent dans le monde en vue de perdre les âmes. Amen.

Les anges gardiens

« *Gardez-vous de mépriser un seul de ces petits ; car je vous dis que leurs anges dans les cieux voient continuellement la face de mon Père qui est dans les cieux.* »

Cette parole de Jésus rapportée dans l'Évangile de Matthieu (18, 10) a fondé la croyance chrétienne qu'un ange est attaché à chaque être humain, pour le protéger et le garder : d'où le nom d'« ange gardien ». Ces anges appartiendraient au neuvième chœur, dans la « triade » plus directement chargée du soin des affaires terrestres et humaines.

Les anges gardiens sont fêtés le 2 octobre, et dans l'Église catholique le mois d'octobre est particulièrement dédié aux anges.

La prière suivante, très ancienne et très répandue, exprime clairement comment est perçu le rôle de ces anges dans la piété populaire :

Ange de Dieu, qui êtes mon gardien, et à qui la bonté divine m'a confié, éclairez-moi, défendez-moi, conduisez-moi et dirigez-moi. Amen.

Prométhée et les disciples du Révolté

Prométhée dans le mythe antique

Le thème de la révolte contre l'autorité divine et la fascination de la connaissance, présents dans la Bible (chute d'Adam et Ève, tour de Babel...), a traversé beaucoup de cultures de l'Antiquité.

Ainsi dans la mentalité grecque, la faute majeure est l'*hubris*, cet excès d'orgueil qui porte à la démesure et au défi des dieux. Quant à la connaissance, elle est le mirage désirable que font miroiter les sirènes devant Ulysse, dans l'*Odyssée* d'Homère.

Le mythe grec de Prométhée offre des parallèles nombreux avec les thèmes bibliques, au point qu'il a donné lieu en Europe, à partir de la Renaissance, à une sorte de syncrétisme philosophique assimilant les figures de Prométhée et de Lucifer, pour en faire l'archétype du révolté contre toute loi divine.

Ce mythe apparaît, avec quelques variantes, chez Hésiode, poète grec du VIIe siècle avant J.-C. qui a compilé les légendes mythologiques dans sa *Théogonie*, mais aussi, un siècle et demi plus tard, chez Eschyle, poète tragique auteur d'une trilogie sur Prométhée – *Prométhée porte-feu*, *Prométhée enchaîné* (la seule dont le texte nous soit parvenu), *Prométhée délivré* – et Platon, qui étudie ce mythe sous l'angle philosophique dans le *Protagoras*.

Prométhée est un des Titans (génération de dieux qui précèdent les dieux olympiens). Dans certaines versions, désirant défier Zeus, et montrer son pouvoir créateur, il crée les humains à partir d'argile.

Comme Zeus leur a retiré le feu pour les maintenir dans l'esclavage et l'obscurantisme, Prométhée le vole et en fait don aux hommes, leur accordant en même temps la *têchnê*, à la fois connaissance et science pratique qui va leur permettre d'accéder à une vie plus facile et plus digne. Prométhée est donc l'ami des hommes face à un potentat divin égoïste et jaloux.

Pour se venger, Zeus, assisté des autres dieux olympiens, crée Pandora, femme douée de toutes les qualités, mais à laquelle il confie une jarre où sont enfermés tous les maux. Trop malin pour accepter ce présent, Prométhée – dont le nom signifie « celui qui réfléchit avant » – met en garde, en vain, son frère Épiméthée – « celui qui pense après »… Pandora ouvre la jarre et l'humanité se retrouve accablée, ne gardant que l'Espoir pour toute consolation. Le parallèle avec Ève et la Promesse est assez frappant.

Pour punir le Titan d'avoir pris le parti des hommes contre les dieux, Zeus le fait enchaîner au Caucase, où sans fin un aigle lui dévore le foie.

Prométhée-Lucifer

Si certains Pères de l'Église, tels Lactance ou Tertullien, ont établi un parallèle entre le Christ et Prométhée – le Christ, ami des hommes, et souffrant pour eux, quoique d'origine divine – à partir de la Renaissance, où les humanités gréco-latines sont l'objet d'un regain d'intérêt, se produit plutôt une assimilation de Prométhée avec Lucifer : on en trouve l'ébauche dans le *Prometheus* de Francis Bacon. Et John Milton, dans son *Paradise lost* (*Le paradis perdu*, 1665), prête à Satan les accents du Prométhée d'Eschyle : « Qu'importe la perte du champ de bataille : tout n'est pas perdu. Une volonté insurmontable, l'étude de la vengeance, une haine immortelle, un courage qui ne cédera ni ne se soumettra jamais, qu'est-ce autre chose que n'être pas subjugué ? […] Je ne me courberai point, je ne demanderai point grâce d'un genou suppliant. […] Nous pouvons, avec plus d'espoir de succès, nous déterminer à faire, par ruse ou par force, une guerre éternelle, irréconciliable, à notre grand Ennemi, qui triomphe maintenant, et qui, dans l'excès de sa joie, régnant seul, tient la tyrannie du Ciel[1]. »

À partir du XVIIIe siècle, la figure de Prométhée-Lucifer devient représentative d'un courant de pensée foisonnant et très complexe, élaboré dans les clubs et les cercles de pensée américains et européens, et dont les courants majeurs prendront des formes aussi variées que la philosophie des Lumières, les loges maçonniques, le romantisme littéraire et politique, etc.

Goethe écrit en 1774 un *Prométhée* qui porte tous les thèmes du *Sturm und Drang*, ce mouvement révolutionnaire allemand qui exalte la nature contre la culture, l'intuition contre la raison : le culte de la liberté s'y épanouit dans l'émancipation de l'individu par l'épanouissement de soi sans limites. L'obstacle à cette émancipation est le cadre philosophique et religieux chrétien et les imprécations de Prométhée à Zeus s'adressent en fait au Dieu biblique.

1. Traduction de Chateaubriand.

Mais le prototype du révolté connaîtra son achèvement dans le *Prométheus unbound* (*Prométhée déchaîné*) de Shelley, en 1820 : le poète anglais y campe un rebelle à la tyrannie divine, ami des hommes et leur portant la rédemption.

À contre-pied de la vision biblique, Prométhée-Lucifer devient ainsi l'emblème de courants philosophiques et religieux qui perçoivent le Dieu de la Révélation biblique comme un tyran aliénant et ennemi de la liberté et de la dignité humaines. L'homme doit devenir un dieu en se libérant de cette tutelle et des autorités humaines qui la représentent.

Et si les Lumières – et particulièrement l'*Aufklärung* allemande – font du rationalisme un de leurs fondements, c'est pour opposer la Raison non au sentiment tel qu'il sera prôné par le romantisme, mais au dogme chrétien.

Dans le bouillonnement d'idées des XVIIIe et XIXe siècles, le thème prométhéen, devenu inspirateur des idées révolutionnaires, a exercé une influence non seulement en littérature, mais aussi en politique : les thèmes idéologiques qui ont présidé à la Révolution française et aux révolutions européennes de 1848 en sont caractéristiques, jusque dans les termes de la Déclaration des droits de l'homme du 26 août 1789 : « Les représentants du peuple français, constitués en Assemblée nationale, considérant que l'ignorance, l'oubli ou le mépris des droits de l'homme sont les seules causes des malheurs publics et de la corruption des gouvernements [...] » L'allusion au Lucifer prométhéen est d'ailleurs illustrée par la représentation sur cette Charte du serpent Ouroboros, figure mythologique très ancienne du « serpent qui se mord la queue », qui fait ici référence au serpent de la Genèse et à sa promesse : « Vous serez comme des dieux. »

Anges et démons dans d'autres traditions religieuses

Babylone et la religion mésopotamienne

Berceau de ce qui est probablement la plus ancienne civilisation du monde, celle de Sumer, au IVe millénaire avant J.-C., la Mésopotamie (au plan géographique, à peu près représentée par l'Irak actuel) connaît le règne de plusieurs peuples et de civilisations qui exerceront une grande influence sur la culture et la religion hébraïques : rappelons seulement qu'Abram – qui deviendra Abraham dans la Bible – est originaire d'Ur, que la loi de Moïse s'inspire pour de nombreux traits du Code d'Hammourabi, fameux roi babylonien qui régna au début du IIe millénaire. Enfin et surtout, au début du VIe siècle, les habitants de Jérusalem sont déportés à Babylone par le roi chaldéen Nabuchodonosor. Ces soixante années d'exil marquent un tournant dans l'histoire et la mentalité du peuple hébreu, entraînant à la fois une réaction pour garder la pureté de la foi juive en terre de paganisme, et une assimilation de certains termes et concepts de la religion assyro-chaldéenne.

Il n'existe pas dans la mythologie assyrienne d'équivalent exact des anges hébraïques.

À côté des dieux, extrêmement variés dans leurs fonctions et leurs attributions, sont représentés des sortes d'esprits, bienfaisants ou malfaisants, dont la nature n'est pas aussi clairement définie que celle des anges bibliques : esprits, mais ayant une identité masculine ou féminine pour certains, issus des dieux mais divinités inférieures, ou simples entités secondaires... Ils sont attachés aux hommes et aux lieux habités.

Les génies

Le *Lamassu* est un esprit bienveillant, représenté sous la forme d'une divinité féminine. Elle introduit les personnes dont elle a la garde auprès des divinités majeures. Son équivalent masculin est le *Sedu*, associé à la vitalité et à la puissance procréatrice.

De façon plus générale, il existe de très nombreuses catégories de « génies protecteurs » dont la fonction principale est de contrecarrer les influences maléfiques.

Ces génies sont classés par groupes de sept.

Les sept *Apkallu* sont des sages envoyés par le dieu Ea (ou Enki) pour aider l'humanité à progresser sur le chemin des sciences et de la sagesse. Ils ont des têtes et des ailes d'oiseaux, un habit en forme de peau de poisson.

On trouve également les *Ugallu*, pourvus d'un corps humain, d'une tête de lion et de pattes d'oiseaux, les *Mushussu*, sortes de dragons cornus ayant le corps et la tête d'un serpent, les pattes antérieures d'un lion et les pattes postérieures d'un oiseau.

Les représentations de ces génies sont enfouies sous la terre, sous forme de figurines de bois ou d'argile, selon un rituel précis, ou figurées par des représentations monumentales, à l'entrée des maisons et des temples.

Les *Karibu*, dont le nom signifie « les bénissants », étaient placés à l'entrée des temples assyriens. Ils avaient une tête d'homme, des ailes d'aigle, un corps et une crinière de lion, des pieds de taureau. C'est très probablement de ces entités que vient le nom des *Keroubim* bibliques, d'autant plus que les visions d'Ézéchiel reprises dans l'Apocalypse de Jean en font une description très proche de celle des *Karibu*. Toutefois seuls les noms et les représentations (reprises à titre symbolique) ont été empruntés à cette mythologie : pour le reste, les *Keroubim* sont des personnages entièrement distincts.

Les démons

Leur variété est presque infinie ! Elle exprime bien, ainsi que les représentations de ces êtres, l'angoisse quasi désespérée dans laquelle vivaient les Mésopotamiens face aux forces visibles et invisibles dont ils se pensaient entourés. Comme les dieux, les démons mésopotamiens sont des êtres terrifiants.

Au départ, la plupart d'entre eux étaient considérés comme issus du couple divin formé par An (le Ciel) et Ki (la Terre). Une évolution de la mythologie en fit des émanations du monde infernal.

Comme les génies, la plupart sont classés par groupes de sept : les « méchants *Utukku* », qui assistent le dieu Nergal, les *Asakku*, qui assaillent les humains et leur infligent toutes sortes de maladies, les *Gallu*, qui cherchent les humains pour les entraîner en enfer…

Certains démons ont une personnalité et des attributions qui en font des entités à part entière, et pratiquement des divinités mineures.

Une des principales est *Lamastu*, démone mi-humaine mi-animale qui dévore les nourrissons, parfois accompagnée de *Labasu* et

Ahhasu, qui donnent aux hommes des fièvres et divers maux. Une autre triade particulièrement redoutable est celle de *Lilu*, *Lilitu* et *Ardat-Lili*. Ces démons de la nuit, tels les incubes et les succubes de la mythologie latine, s'unissent aux humains pendant leur sommeil et en font la proie de graves maux. *Ardat-Lili*, vierge monstrueuse et inassouvie, s'attaque aux hommes pour les détruire, aux jeunes filles pour leur faire subir son propre destin, et aux nouveau-nés pour les dévorer. La démone Lilith de l'ésotérisme hébraïque en est sûrement un avatar.

Les Perses – la gnose

La gnose est un courant religieux aux ramifications multiples, et dont l'origine est mal définie, mais on y retrouve deux influences majeures : la religion de Zoroastre (forme grecque du nom indo-iranien Zarathoustra), « prophète » originaire de l'Iran ancien, fondateur de la « religion des mages », et les écrits du Nouveau Testament, particulièrement l'Évangile de Jean et les épîtres de Paul.

Les Perses et le zoroastrisme

Zoroastre, originaire d'Iran du Sud (si l'époque de sa vie est mal connue, plusieurs historiens s'accordent sur le VIIe siècle avant J.-C.), aurait été un prêtre de la religion perse alors dominante : le culte de Mithra. Il est l'héritier d'une tradition indienne préexistante, dualiste, d'après laquelle il existe deux sortes d'esprits, considérés comme des divinités : les Daeva, esprits bons, et les Asura, esprits mauvais.

À l'époque de Zoroastre, et peut-être sous son influence, la religion perse opère une inversion par rapport à la vision indienne : les Daïvas deviennent les forces du mal, opposés aux Ahura[1].

La religion de Zoroastre fait d'un des Ahura le plus grand d'entre eux, sous le nom de « sage » : Ahura-Mazda. Dieu suprême (mais pas unique), source du bien, il est créateur de l'homme et de l'univers, et affronte Ahriman, le démon suprême, personnification du mal.

Les anges sont absents de cette religion : Ahura-Mazda ne demande pas l'adoration et se passe d'intermédiaires entre les hommes et lui. Mais outre les esprits divins qui s'affrontent, existent les Fravahr : ce sont les âmes des hommes, à peu près l'équivalent du karma indien : elles préexistent à leur naissance, et perdurent après leur mort. Le concept du Fravahr va se retrouver dans le mythe de l'Homme, thème essentiel de plusieurs courants gnostiques.

---

1. Daïva et Ahura : termes perses équivalents des termes indiens *Daeva* et *Asura*.

La gnose

Approximativement datée du IIe siècle, la gnose, « science qui sauve », est un courant religieux qui peut se définir comme une vision dualiste de l'univers : dualisme entre l'esprit et la matière, le bien et le mal, la lumière et les ténèbres. Ce dualisme doit se résorber à la fin des temps, grâce à l'absorption et à la défaite du mal par le bien.

Dans la plupart des courants gnostiques on trouve un dieu du bien et un dieu du mal, égaux et coexistants. La matière est l'œuvre du dieu du mal. Dans cette perspective apparaît le « mythe de l'Homme », où se mêlent les courants gnostiques et hermétiques, les mythes grecs (le mythe d'Orphée) et orientaux. Ce mythe est primordial dans le manichéisme, fondé par le Mésopotamien Mani (ou Manès), au IIIe siècle. D'après ce mythe, l'âme humaine est une particule enlevée à la divinité : au cours d'une bataille entre elles, les puissances de la matière ont approché le royaume de la lumière, et désirent y pénétrer. Mais le Prince de la lumière tire de son sein la Mère, qui met au monde l'Homme premier, pour qu'il combatte la matière. Il est cependant vaincu, dépouillé de son armure de lumière et emprisonné dans les ténèbres de la matière. L'Esprit de vie vient à son secours et le fait remonter dans son royaume, mais plusieurs des particules de son armure sont restées prisonnières des corps matériels : ce sont les humains. Ceux-ci doivent donc lutter pour se dégager de leur ténébreuse écorce et retourner à leur condition première, grâce à des métempsycoses successives. Dans certains courants gnostiques, cette purification de la matière pour opérer un retour au Dieu du Bien se fait grâce à un Rédempteur, pour d'autres la Connaissance suffit.

Le catharisme est une forme dérivée du manichéisme. Il est intéressant de noter que, pour ce courant, la femme représente le pouvoir séducteur de la matière qui voudrait reprendre son empire sur l'homme, c'est pourquoi les cathares condamnaient la sexualité.

Dans la perspective gnostique, la notion de purs esprits se retrouve donc, non dans des anges, mais dans l'âme humaine primitive.

Deux figures de la mystique ésotérique juive : Métatron et Lilith

Les textes canoniques de l'Ancien Testament sont peu prolixes au sujet des anges et des démons.

Mais il existe des traditions orales et parallèles, nées de la pensée que les Écritures étaient porteuses d'un sens caché et seul véritable. Ces traditions ont donné lieu à une mystique juive ésotérique, aux ramifications fort complexes, qui a élaboré une science foisonnante des anges et des démons : on y trouve des hiérarchies angéliques très précises, de nombreux noms propres d'anges ainsi que les fonctions de ces anges auprès de Yahvé, dans la marche de l'univers, et dans l'accession de l'homme à la Connaissance.

La Kabbale

Cette ramification de la mystique ésotérique, dont le nom – Qabbalah – signifie « ce qui a été reçu », est probablement née vers le IIe siècle avant J.-C. Son texte de référence, le Zohar, a été rédigé au XIIIe siècle par Moïse de León. La Kabbale se considère comme l'héritière d'une révélation faite par Dieu à Moïse avant la grande révélation du Sinaï et qui permettrait aux initiés de comprendre le sens profond de la Torah[1], pour entrer dans la chaîne – la *Chalchelet* – qui relie l'homme à Dieu. Elle s'appuie notamment sur la vision du char divin – le *Merkabah* – décrit par Ézéchiel comme trône de la Gloire divine soutenu par quatre anges. Les anges, dont la Kabbale élabore des hiérarchies structurées, s'intègrent dans une harmonie globale, répartie en quatre mondes créés successivement et découlant de la Source infinie, l'*Ein-Sof*. Le premier de ces mondes est l'Émanation, lieu des dix Séphiroth, forces émanées de Dieu. Les entités supérieures montées sur le char appartiennent au deuxième monde, celui de la Création par séparation ; l'ensemble des anges, dirigé par Métatron, se situe, lui, dans le troisième monde, celui de la Création par formation. Les humains, issus de la quatrième étape de création, peuvent entrer dans cette chaîne de connaissance et de contemplation par un parcours initiatique. En ce sens, la Kabbale est une forme de gnose.

Métatron

Son nom n'est pas cité dans la Bible. Le livre d'Hénoch, apocryphe du IIe siècle avant J.-C., voit en lui le prophète Énoch : emporté au ciel sans connaître la mort, il aurait été transformé par Dieu et élevé au rang du plus beau des anges. Dans la tradition rabbinique, reprise par la Kabbale, il est le chef des anges.

Lilith

D'après d'antiques traditions juives, elle serait la première femme d'Adam. Mais celui-ci la répudie à cause de ses pratiques sexuelles perverses. Yahvé lui donne alors Ève. Lilith s'enfuit sur les bords de la mer Rouge et entre en relations avec le démon. Elle devient alors – si l'on regroupe diverses légendes – compagne de Lucifer, mère

1. Ensemble des cinq premiers livres de la Bible : Genèse, Exode, Lévitique, Nombres, Deutéronome.

des démons, reine des succubes (ces démones femelles censées s'accoupler avec les hommes pour en prendre possession). Le *Testament de Salomon*, apocryphe grec du IIIe siècle d'inspiration judaïque, la décrit errant dans le monde pour attaquer les femmes en couches et étrangler les nouveau-nés. Le Talmud et le Zohar la dépeignent comme une créature démoniaque au visage de femme, portant de longs cheveux et des ailes. Elle présente de nombreux points communs avec la démone assyrienne Lamastu, dont elle est certainement une figure dérivée.

L'ISLAM

La croyance aux anges est un des six « piliers » de la foi musulmane.

Si l'on regroupe l'enseignement du Coran[1] et des textes transcrivant des traditions orales sur les faits et dits du prophète (la Sunna et les Haddith), il existe dans l'islam trois formes d'esprits : les anges, *al malaïka*, les démons, *al shayatin*[2], et les djinns.

LES ANGES

Comme les anges bibliques – dont ils portent le même nom, « envoyés » –, ils sont créés par Dieu, et répartis en hiérarchie. « Créés de lumière » selon un haddith, ils ont des ailes, ce qui implique que leur nature ne serait pas purement spirituelle. De façon générale, d'ailleurs, le génie arabe est toujours plus concret que celui des Hébreux dans ses représentations du monde invisible. On retrouve chez les anges supérieurs le substrat mésopotamien qui a inspiré Ézéchiel : quatre anges soutiennent le trône d'Allah, sous la figure d'un homme, d'un taureau, d'un aigle et d'un lion (figures également présentes dans l'Apocalypse de Jean), et les Karubbiyum (nom de la même racine que les Karibu babyloniens) chantent ses louanges.

Les archanges interviennent auprès des croyants pour leur transmettre les ordres et les messages de Dieu. La tradition cite de nombreux noms propres d'anges : ainsi, Azraïl est l'ange de la mort, Mikaël pèsera les âmes au jugement et Israfil (Raphaël) soufflera dans la trompette. Un rôle majeur échoit à Jibril (Gabriel) : comme dans la Bible, il est messager, mais c'est pour « dicter » littéralement à Mohamed le texte même du Coran : en ce sens, l'ange dans l'islam prend place dans une conception radicalement différente de celle de la Bible, de la Révélation de Dieu à l'homme et de la place qui est faite à la raison et à la liberté humaines.

---

1. Livre saint de l'islam, datant du VIIe siècle.
2. Pluriel de Shaytan, forme arabe de Satan.

Des hiérarchies inférieures accompagnent les éléments inanimés de l'univers (végétaux, animaux...).

Tout homme est accompagné de deux anges gardiens qui écrivent ses bonnes et ses mauvaises actions : il en présentera le livre à son jugement. Au moment de sa mort, deux anges se présenteront dans sa tombe pour l'interroger sur sa foi.

Les démons

Le principal d'entre eux, Iblis (forme arabe du « diabolos » grec), est-il à l'origine un ange ou un djinn ? Les théologiens musulmans n'ont pas tranché. Il est celui par qui le mal s'introduit dans la création : s'il n'est pas question dans l'islam d'un péché originel des hommes, on trouve le thème d'une déchéance angélique. Ainsi, quand Dieu décida de créer les hommes, raconte le Coran, il expliqua son projet aux anges et leur demanda de s'incliner devant « cet homme d'argile, de vase noire infecte », après qu'il eut « insufflé en lui son esprit ». Iblis refusa, fut chassé du paradis et reçut la malédiction divine « jusqu'au jour du Jugement ». Toutefois il obtint de Dieu un délai pour tenter les hommes : « Mon Seigneur, ce par quoi Tu m'as induit en erreur, je les en séduirai sur la terre et je les induirai tous en erreur, sauf les pures parmi tes créatures. » Dieu limite le pouvoir accordé : « Tu n'as de pouvoir que sur les égarés parmi mes créatures qui te suivront. » Contrairement au Yahvé de la Genèse, le Dieu coranique est donc considéré par Iblis comme celui qui l'a tenté. Autre différence avec le Dieu biblique : il n'accorde pas son pardon à l'ange déchu qui regrette sa désobéissance. (Dans la Bible, l'absence de pardon vient de ce que Lucifer se refuse à le demander.) À la suite de cette chute, Iblis devient un *Shaytan* et le chef des *Shayatin*, les djinns devenus démons. Les *Shayatin* s'emparent du cœur de l'homme, n'en étant écartés que quand l'homme pense à Dieu. Iblis se fait adorer de lui sous la forme des idoles, mais peut également prendre l'apparence d'humains ou d'animaux pour l'attirer vers le mal. Son seul pouvoir est d'exercer une tentation, la responsabilité du choix ultime revient à l'homme.

Les djinns

S'ils sont présentés comme une entité distincte des démons, leurs caractéristiques sont loin d'être clairement définies. Leur substance est incertaine. Créés « du feu de la fournaise ardente », ils sont pourtant sexués : le Coran parle de « mâles parmi les djinns » et de ces houris, récompense promise par Dieu aux croyants, que « ni hommes ni djinns n'auront touchées avant eux ». Comme les anges et les hommes ils sont doués de libre arbitre et doivent faire le choix du bien ou du mal. Il y a notamment chez eux, comme chez les hommes, des « croyants », c'est-à-dire des musulmans, et des « associateurs », c'est-à-dire, dans la théologie musulmane, ceux qui sont dans l'erreur et seront voués à la perdition, car ils associent à Dieu d'autres êtres qu'ils adorent avec lui. (Ce terme coranique est le plus souvent employé pour désigner les chrétiens.) Si le Coran fournit peu de renseignements sur les djinns, la réflexion théologique et la croyance populaire leur ont accordé une place très importante. La croyance en des djinns est d'ailleurs attestée dans la culture arabe préislamique. Entités spirituelles liées à chaque élément de l'univers – végétaux, animaux... – et à chaque homme, génies des lieux, et affligeant les hommes de diverses maladies, les djinns ne sont pas sans évoquer le *daïmon* et le *genius* de la mythologie gréco-latine. Ils peuvent s'unir aux humains et leur susciter une descendance. Ils suscitent la crainte de l'homme et sont l'objet d'un culte magique qui a surtout pour objet de neutraliser leur aspect maléfique.

Le Coran mentionne aussi les *Ifrit*, catégorie distincte des djinns, plus robustes et plus méchants qu'eux, mâles et femelles. Par contre, l'existence des *Gûls*, sortes d'ogres méchants, aux multiples métamorphoses, est niée par les Haddith, et cette croyance populaire très répandue n'est pas reconnue par l'orthodoxie musulmane.

LE NEW AGE

Le New Age accorde une place très importante aux anges, mais dans une perspective très différente de celle de la Bible.

Mouvement qui a pris son essor dans les années 1970 aux États-Unis et en Europe, il constitue une synthèse de très nombreuses influences ésotériques, mystiques, psychologiques, telles que la théosophie, le spiritisme, l'occultisme, mais aussi des courants gnostiques tels que le manichéisme ou la Kabbale. Par essence, il n'a pas de cadre doctrinal de référence, car il réfute tout dogmatisme.

On peut cependant dégager quelques traits récurrents, même s'il existe des divergences sur certains points, à cause de l'abondance des courants sources.

Sur la base d'une analyse astrologique de la marche du monde, le New Age affirme que le monde est en train de passer de l'Ère du Poisson, judéo-chrétienne (le poisson, signe astral, était également le symbole du Christ chez les premiers chrétiens, parce que le mot grec IXTUS est l'acronyme de « Jésus, fils de Dieu, sauveur »), à l'Ère du Verseau. Cela entraînera un « changement de paradigme », selon la formule de l'historien des sciences américain Thomas Kuhn, pour les individus, les sociétés et le monde.

Il y aura ainsi passage, entre autres :

du primat de la raison à celui du sentiment, de l'émotion, de l'intuition, du ressenti expérimental ;

des valeurs masculines aux valeurs féminines ;

du patriarcat au matriarcat.

Globalement le Dieu biblique est perçu comme une conception mâle et aliénante de la divinité, entraînant une vision mâle des anges et de la société, fonctionnant sur un schéma de patriarcat. Le New Age prône un retour à une divinité primitive féminine, telle celle de l'hindouisme, ou la Gaïa gréco-latine.

Mais cette divinité n'est pas un Dieu personnel : elle est plutôt une entité cosmique, une Énergie dans laquelle le cosmos est un tout où l'être humain doit retrouver sa place.

Il n'y a pas de péché, ni donc de pardon ni de rachat nécessaires : le bien est l'illumination, le seul mal est une connaissance incomplète. Les maladies psychiques et physiques viennent d'un manque d'harmonie avec le grand tout de la nature.

De là, le New Age met l'accent sur le développement et l'épanouissement personnels, l'autoguérison et des thérapies qui sont autant de parcours initiatiques pour rentrer dans la grande chaîne cosmique.

C'est là qu'interviennent les anges : reprenant la mystique de la Merkabah (le Char divin) et des sephiroth développée par la Kabbale, le New Age fait des anges les entités spirituelles avec lesquelles l'homme doit entrer en contact pour retrouver l'Énergie cosmique, présente en lui sous la forme de son « dieu intérieur ». C'est le « channeling ». Le but est de percevoir les vibrations de l'Être, des anges et du cosmos, pour pouvoir mettre les siennes au diapason. Il faut pour cela accéder à l'État de Conscience Altérée (ASC, en anglais), qui permet de libérer certaines zones intérieures aliénées par la raison judéo-chrétienne. L'ACS peut être atteint par des drogues, ou par des techniques d'élargissement de la conscience : et les anges sont invoqués dans ce sens.

Ils deviennent les médiateurs qui permettent aux énergies comprimées de se libérer, et qui font accéder l'homme à la connaissance, voie vers le bonheur et l'amour : qui ne sont pas comme dans la tradition biblique une participation à l'Amour divin par la grâce, mais un ressenti de bien-être et de plénitude obtenu par l'initiation.

Si les entités spirituelles « New Age » ont des noms bibliques, c'est donc à peu près leur seul point commun avec les anges des Écritures. Le New Age marque d'ailleurs sa différence en représentant parfois les anges sous la forme de figures féminines.

Librio

796

Composition Nord Compo
Achevé d'imprimer en France par Aubin Imprimeur
en octobre 2006 pour le compte de E.J.L.
87, quai Panhard-et-Levassor, 75013 Paris
Dépôt légal octobre 2006

Diffusion France et étranger : Flammarion